힘든 날들은
벽이 아니라
문이다

미래가 불안한 청년들을 위한
지리산 세레나데

나남
nanam

구 영 회

지리산을 끼고 흐르는 섬진강 근처에서 태어나 어린 시절부터 지리산과 인연
을 맺었다. 숨 가쁘게 일하던 현역 시절에도 틈만 나면 지리산으로 달려가 그
곳의 자연과 사람들을 오랫동안 접한 지리산 마니아. 지리산에 얽힌 그의 이
야기는 단순한 개인적 체험을 뛰어넘어 삶의 진정한 의미와 사람들의 깊이 있
는 소통에 관해 잔잔하고 따뜻한 울림을 일으킨다. 그는 MBC에서 33년에 걸
쳐 방송기자와 보도국장, 경영본부장, 삼척MBC 사장, MBC미술센터 사장
등을 지낸 방송 언론인이다. 은퇴 후 지리산 자락에 거처를 얻어 서울과 지리
산을 오가며 제 2의 인생을 살고 있다. 그가 낸 책으로는 《지리산이 나를 깨
웠다: 삶에 눈뜬 어느 방송인의 산중 일기》가 있다.

나남신서 1836

힘든 날들은
벽이 아니라 문이다

미래가 불안한 청년들을 위한 지리산 세레나데

2015년 11월 5일 발행
2015년 11월 25일 2쇄
2015년 12월 10일 3쇄

지은이_具榮會
발행자_趙相浩
발행처_(주) 나남
주소_413-120 경기도 파주시 회동길 193
전화_(031) 955-4601 (代)
FAX_(031) 955-4555
등록_제 1-71호 (1979. 5. 12)
홈페이지_http://www.nanam.net
전자우편_post@nanam.net

ISBN 978-89-300-8836-7
ISBN 978-89-300-8655-4 (세트)
책값은 뒤표지에 있습니다.

힘든 날들은
벽이 아니라
문이다

미래가 불안한 청년들을 위한
지리산 세레나데

구영회 지음

나남
nanam

지리산에서 당신이 보였다

그 청년의 사연은 한국판 〈허삼관 매혈기〉였다. 여자 친구를 만나러 갈 밥값과 극장표를 마련하려고 피를 팔다니 ….

늦은 밤 지리산 자락 산골 구들방에 드러누워 무심코 TV를 보던 나는, 이 대목에서 나도 모르게 목구멍이 울컥해지며 벌떡 일어나 앉았다. 어느 취준생의 일상생활을 다룬 그 처절한 이야기 속으로 나는 점점 빨려 들어갔다.

일자리와 미래를 찾아 지방에서 서울로 온 그 청년

은 구직 이력서를 2백 번쯤 냈다고 했다. 지친 그는 표정을 잃어버린 채 말수가 크게 줄어들었다. 한창 싱싱해야 할 그의 젊은 날들은 그렇게 여러 해를 힘겹게 지나면서 시들어 갔다. 그의 아버지마저 오래전부터 병석에 누워 있었다.

왕성하게 먹어 치울 나이에 아침엔 식사는커녕 맹물로 때우기 일쑤였다. 하루에 단 한 끼 유일한 식사인 점심은 제 시간을 훨씬 지나 대학 구내식당에서 2,500원짜리 양은 도시락으로 연명해야 했다.

허기진 배를 좀더 채우고 싶을 때에는 그 전날에 아예 꼬박 굶었다가 절약한 2,500원을 보태서 다음 날 4천 원짜리를 사 먹기도 했다.

❧

지금으로부터 50년도 훨씬 더 된 1960년대에 지방에서 초등학교를 다녔던 나에게는, 가슴 시린 어린 날의 내

모습이 이제 환갑을 훌쩍 넘긴 지금까지도 선명한 흑백사진처럼 뇌리에 박혀 남아 있다.

학교에서 돌아와 보니 집엔 아무도 없었다. 배가 무척 고팠던 나는 어두컴컴한 부엌을 뒤적거렸다. 밥도둑 쥐를 피하려고 어머니가 천장에 매달아 놓은 헝겊을 덮어씌운 밥 소쿠리가 보였다. 나는 부뚜막에 올라가 조심조심 까치발로 소쿠리를 잡아 갈고리를 풀어 내렸다.

어슴푸레한 찬장에서 찾아낸 된장과 풋고추를 반찬 삼아 부뚜막에 쪼그려 앉은 채 꽁보리밥으로 허겁지겁 배를 채웠다. 그때 알 수 없는 어떤 서러움 같은 느낌이 어린 꼬마였던 나의 가슴에 찡하게 전류처럼 흐르며 지나갔다.

1976년 군 복무를 마치고 제대한 나는 복학에 필요한 등록금을 마련하기 위해 이전처럼 숙식 해결이 가능한 아르바이트를 서둘러 찾아야 했다.

나의 입대 전에 서울 미아리고개 너머 변두리의 산꼭대기 달동네에서 월세로 살았던 가족들은, 제대 후에는 서울에서 사는 것조차 버거웠던 탓에 의정부 어느 미군부대 사격장 근처 오두막으로 이사해 있었다. 사실상 폐가나 다름없었던 그 집을 보는 순간 극도의 막막함이 짙은 안개처럼 가슴을 가득 메웠다. 눈앞에 맞닥뜨린 현실은 이전보다 더욱 암울했다.

그 당시 부모님은 지방을 돌아다니며 옷 보따리 행상을 하셨다. 부모님의 짐을 덜어 드리려고 소녀가장처럼 동생들을 돌보았던 큰누님은 스물을 갓 넘긴 꽃다운 나이에 병으로 먼저 세상을 떠났다.

남은 우리들은 6남매였다. 부모님은 자식들을 굶기

지 않으려고 모진 애를 쓰셨다. 자식들인 우리는 각자 눈치껏 재주껏 생활해야 했다.

이런 형편에 교통비와 밥값과 용돈을 달라고 부모님에게 손을 내밀기에는 입이 떨어지지 않았다. 제대 후 며칠 동안 나는 혼자 끙끙 고민했다. 어떻게 해서든지 당분간 부지런히 서울로 드나들어야 무슨 수가 나타날 것이었다.

그러다가 번쩍 궁리가 떠올랐다. 그런데 그것은 궁리라기보다는 차라리 막무가내에 가까운 생각이었다. 다름 아니라 내가 다녔던 그 대학까지 의정부에서 일단 걸어서 나가고 보자는 것이었다. 내 젊은 날의 막다른 골목에서 나를 탈출시킨 것은 가난과 상관없이 멀쩡한 나의 두 다리였다.

마땅한 아르바이트를 얻을 때까지 용돈이 필요하지 않느냐는 부모님의 걱정스런 질문에 나는 자못 씩씩한 티를 내면서 군에 있을 때 조금 모아 둔 돈이 있다고

거짓으로 둘러댔다. 나는 첫차를 타야 한다며 동 트기
전 이른 새벽마다 집을 나섰다.

　의정부 외곽에서 서울 안암동을 향해 캄캄한 새벽길
을 젊은 사내가 걸어가는 과정은 길이 먼 것은 둘째라
치고 험악한 군사정권 시절이었던 당시 호락호락한 일
이 아니었다. 나는 여러 군데의 검문소를 통과해야 했
다. 보초들은 수상쩍은 시간에 머리카락 짧은 수상한
젊은 놈이 잰걸음으로 지나가는 것을 어김없이 잘 발
견했다.

　"거기 서! 꼼짝 마! 손들어! 암구호!"

　한동안 나는 헌병이 겨누는 총부리를 여러 차례 코
앞에 마주해야 했다. 매번 나는 병역수첩을 내보이면
서 내가 그 시간에 그곳을 지나가는 이유와 사정을 입
아프게 설명해야 했다.

　약 한 달쯤 지났을까. 서울 동부이촌동에 숙식 가능
한 아르바이트를 구하게 되었을 무렵 보초들 중에는

이제는 나를 알아보고 친근감 섞인 인사를 건네는 친구도 생겨났다.

"구 병장! 파이팅! 잘 다녀오시오."

❧

훗날 내가 대학을 졸업하고 마침내 취직할 때까지, 정확하게 말하면 중학교 2학년이던 1967년부터 이른바 군사독재정권 말기였던 1978년까지 군 복무를 제외한 그 세월 동안 나는 '알바의 달인'이었다.

나는 '동가식서가숙'東家食西家宿이라는 한자 말뜻을 일찌감치 몸과 마음으로 깨우치게 되었다. 무척 힘겨운 세월이었다. 때로는 뭐라 꼬집어 말할 수 없는 슬픔 같은 것들이 밀려왔지만, 다행히도 그리고 감사하게도 나는 그 힘든 날들을 헤쳐 나갔다.

나는 나를 둘러싼 거칠고 열악한 환경이 나의 마음까지 잠식해 들어오지 못하도록 아무도 모르는 나만의

지리산에서 당신이 보였다

최후 저지선에서 안간힘을 다해 버텼다. 나를 버티게 한 심지는 이 모든 거북한 상황이 '언젠가는 반드시 바뀌게 될 것'이라는 믿음이었다.

나는 나를 격려했고 나를 믿었다.

🌿

인생 초반부를 이렇게 살아왔던 나에게, TV 속 그 청년의 모습과 불안하고 고달픈 삶은 나의 까마득히 오래된 기억의 뇌관을 건드리면서 그대로 감정이입이 되었다.

그날 밤 나는 편히 잠들지 못하고 밤새 이리저리 뒤척였다. 내 인생의 젊은 날들이, 이젠 사라져 다시는 오지 않는 그 시간들이 기억의 파편이 되어 내 마음 이곳저곳을 자꾸 찔러댔다. 그런 끝에 내 젊은 날의 초상화를 여지없이 닮은 수많은 '보통 청년들'이 떠올랐다.

국민들과 이 나라를 잘 살도록 하겠다며 군인들이

거병해 쿠데타를 일으킨 지 50년이 훨씬 더 지났건만, 아직도 가난이 대물림되고 출발선에서 이미 기회를 박탈당한 수많은 젊은이들이 도처에 수두룩한 오늘의 현실은 도대체 어찌된 일일까. 이 문제는 분명히 '공공의 적'이 아닐 수 없다.

한밤중 편의점 카운터에서 천근만근 내리감기는 눈꺼풀을 비비던 내 자식 또래의 그 앳된 여학생과, 쪽방촌 골목 계단에 앉아 멍하니 담배 연기를 내뿜던 겉늙어 버린 그 청년의 모습을 지울 수 없다. 그리고 낙성대와 노량진 뒷골목 허름한 술집에서 사람들 틈에 외로워 보이던 그 젊은이들의 표정도 잊을 수가 없다.

지방 어느 대학 근처 막걸릿집에서 "우리는 희망이 없어요. 서울도 못 간 우리는 벌써 두 번 죽은 셈이죠"라며 자조 섞인 푸념을 내뱉던 그 대학원생의 눈가에 맺혔던 그렁그렁한 눈물이 아직도 가슴 한구석에 척척하다.

지리산에서 당신이 보였다

시무룩하고 힘 빠진 그들에게 나는 말을 걸고 싶었다. 말동무가 되어 주고 싶었다. 그들은 모두 내 젊은 날의 초상화였다.

🌿

이윽고 나는 글을 쓰기로 마음먹었다. 기본이 뒤틀려서 심하게 부대끼는 대한민국이라는 공동체의 어처구니없이 열악한 환경 속에 내던져진 젊은 당신들에게 내가 말을 건네 붙인 것은 내가 머무는 이곳 지리산에서 당신이 보였기 때문이다.

바로 당신에게 내 나름대로 뭔가 들려줄 만한 것들이 있지 않을까 싶었다. 젊은 당신에게 작은 보탬이라도 되고 싶었다. 진심이다.

나는 이름을 대면 당신이 알 만한 어느 방송사에서 33년간 치열하게 일했던 방송인이다. 당신이 지금 갖고 있는 스마트폰 검색창에 내 이름을 치면 나에 대해 어느 정도 파악할 수 있을 것이다.

내가 이렇게 말하는 이유에 대해서는, 당신이 잘못 들어서지 않도록 설명이 필요할 듯해서이다. 이 책 속의 글들과 앞으로 내가 당신에게 들려줄 이야기들은 무용담이나 성공담 같은 것이 전혀 아니다.

나는 규모가 큰 미디어 그룹 조직 속에서 CEO 자리에까지 올랐다. 뒷날엔 그룹 전체의 CEO 최종 후보에도 몇 차례 올랐던 적이 있다. 우스갯소리로 말하자면 나는 개천에서 난 용이었다. 그러나 나의 이야기는 그런 것들과는 전혀 동떨어져 있다.

그렇다. 나는 개천에서도 용이 나는 그런 시대를 살았다. 그러나 나는 알고 있다. 젊은 당신이 살아가고 있는 요즘 세상은 '개천에서 용이 나지 않는다'는 것을.

내가 바라는 세상은, 돈과 힘을 가진 그러나 남의 형편에 아랑곳하지 않는 그런 모자란 용들이 설치는 그런 세상이 아니다. 그런 우월의식을 가진 용들이 설치는 세상은 시끄럽고 평화롭지 못하다. 그런 용들은 빌 게이츠와 마더 테레사와 이태석 신부와 법정 스님 앞에 깃털처럼 가볍다.

나는 대다수의 보통 사람들이 각자의 삶을 둘러싼 여건에 시달리지 않고 만족하면서 각자가 원하는 자기 색깔로 다양한 삶을 살아가는 그런 사회야말로 가장 튼튼하고 멋진 사회라고 생각한다. 그런 사회가 진짜 선진화된 자유민주주의공화국일 것이다.

이 땅에서 그런 대로 누리고 살면서 어느 정도 철든 사람이라면 자기 밥상의 두툼한 은갈치 한 토막이 캄캄한 새벽 바다에서 풍랑과 싸우는 어느 어부의 천신만고 덕분이라는 것을 알아차려야 할 것이다.

나의 젊은 시절을 돌아보면 스스로 대견하다. 하지만 그보다도 내 삶에 불어닥쳤던 온갖 비바람과 눈보라를 가슴속 깊이 감사하게 여긴다. 그 시련들이 없었다면 나의 삶은 성장할 수 없었을 것이고 발효와 숙성을 거치는 일이 불가능했을 것이다.

이제 와서 곰곰 되짚어 보니 지나간 젊은 시절 내 앞에 가로놓였던, 처음에는 마치 단단한 장애물처럼 여겨졌던 그 '벽'은 벽이 아니었다. 그것은 '문'이었다. 세상으로 인생으로 나가는 통로였다. 그것은 삶이 삶 자체를 깨닫게 하는 방식이었다. 그리고 훗날 되돌아와 '나 자신'을 되찾게 하는 실마리였다. 나는 나에게 생명을 부여한 그 무엇이 추는 춤이었다. 나는 그 춤을 통해 알게 되었다.

'어둠이 없다면 밝음을 알 수 없다.'

지리산에서 당신이 보였다

내가 젊은 당신에게 진정으로 들려주고 싶은 이야기는 바로 이것이다.

삶의 소중한 가치는 온갖 부정적인 것들을 통해 긍정을 발견하는 데에 있다. 당신이 긍정을 찾아낼 때 비로소 당신의 인생은 당신의 것이 된다. 그럴 때 당신은 삶을 배척하지 않고 받아들이게 된다. 밀어내지 않고 포용하게 된다.

그것은 당신의 가슴이 무한대를 향해 비약적으로 넓어지는 것을 의미한다. 당신의 가슴이 넓어지면 당신의 삶도 넓어지고 깊어진다. 젊은 당신은 먼 훗날 그 무엇이든 될 수 있다. 아니 인생에서 꼭 그 무엇이 되어야만 하는 것은 아니다. 인생은 그냥 강물처럼 흐를 뿐이다.

삶은 다른 사람에게 보여주기 위해 사는 게 아니다. 당신은 과시하거나 멸시받으려고 태어난 게 아니다. 지리산 깊은 골짜기에 피어난 한 떨기 이름 모를 야생화는 누가 보든 안 보든 상관없이 저 혼자 비바람, 눈보라를 견디며 피어난 것이다. 야생화는 눈물겹도록 아름답다.

한때 사회적 존재감을 누리다가 나이 들어 모든 사회적 명함들을 떠내려 보내고 이곳 지리산 자락에서 젊은 당신에게 말을 건네 붙이고 있는 이 은퇴자는 젊은 청년 당신에게 더 이상 보태거나 뺄 것이 없다. 삶이란 것에 대해 당신에게 그저 진솔하게 이야기해 주고 싶을 따름이다.

젊은 날 삶의 구렁텅이에 깊이 빠졌던 오프라 윈프리는 훗날 이렇게 말했다.

"다른 사람의 호감을 얻으려고 애쓰지 말라."

삶의 이런저런 멍에 앞에 당신이 무릎을 꿇는 순간 당신은 이미 당신 삶을 내팽개치기 시작한 것이다. 삶은 삶을 팽개치는 사람을 팽개친다. 삶은 삶을 보듬는 사람을 보듬는다. 바로 이것이 삶의 공평한 이치다.

지리산에서 당신이 보였다

이것은 당신에게 돈이 있느냐 없느냐 하는 문제와는 다행히도 그다지 관련이 없다. 돈이란 방법의 하나일 뿐, 인생의 최종 목적지가 아니다. 젊은 당신은 착시 현상에서 빨리 벗어날수록 유익하다. 바로 여기에 인생의 비밀이 숨어 있다. 그리고 당신 안에 그 열쇠가 있다.

인생의 강물은 단 한 번밖에 흐르지 않는다. 내면에 자기만의 심지와 관점이 없는 인생은 그냥 휩쓸려 떠내려갈 뿐이다. 너무 오랫동안 떠내려간 사람은 저 혼자 힘으로 헤엄치기가 점점 어려워진다.

이 대목에서 당신의 청춘은 당신 인생의 결정적인 갈림길이 된다. 과녁이 빗나간 청춘은 뒤늦게 길을 다시 찾기 위해 떠나야 하는 수고로움의 대가를 치러야 한다.

젊은 당신이 당신을 둘러싼 환경에 제대로 된 자기만의 의문이나 저항 한번 해 보지 못하고 그저 휩쓸려 떠내려갈 것인지, 아니면 가라앉은 저 밑바닥으로부터 당신만의 질문을 통해 물 위로 헤엄쳐 나올 것인지, 그것은 당신의 선택이다. 좋든 나쁘든 고정된 운명이란 없다.

만약 운명이란 것이 고정돼 있다면, '호사다마'好事多魔라는 말과 '전화위복'轉禍爲福 또는 '새옹지마'塞翁之馬 같은 말은 여태껏 유효하지 못하고 진작 사라졌을 것이다.

젊은 당신의 가장 큰 장애물은 바로 당신이다. 가장 큰 원동력도 바로 당신이다.

귀한 인연이 맞닿아 나에게 눈과 귀를 열어 준 당신에게 감사드린다.

2015년 여름 지리산 자락에서
글쓴이 구영회
두 손 모음

지리산에서 당신이 보였다

지리산에서 부르는 희망의 노래

주철환 (아주대 문화콘텐츠학과 교수)

"이 풍진 세상을 만났으니 너의 희망이 무엇이냐?"

이렇게 시작하는 노래의 제목을 내 아들이 알 리 없다. 함께 늙어가는 나의 형들은 알까? 제목은 가물가물해도 가사를 불러 주면 멜로디가 입에서 흘러나올지 모르겠다. 제목은 〈희망가〉希望歌다.

희망의 노래가 희망을 주어야 하는데 처음부터 끝까지 다 불러 봐도 희망이란 도통 찾을 수가 없다.

"이 풍진 세상을 만났으니 너의 희망이 무엇이냐, 부귀와 영화를 누렸으면 희망이 족할까, 푸른 하늘 밝은 달 아래 곰곰이 생각하니 세상만사가 춘몽春夢 중에 또 다시 꿈같구나."

　어릴 때부터 나는 형들을 싫어했다. 한 소리를 또 하기 때문이다. 아는 얘기를 반복하기 때문이다. 그래서 나는 주로 동생들을 만났다. 그들은 내 말을 귀담아들어 준다. 그러다가 어느 순간에 알아 버렸다. 나 역시 '그렇고 그런' 형이 되어 가는 구나. 그 후에 동생들을 만날 때는 마음의 준비를 단단히 한다. 욕하면서 닮아 간다는 말을 듣고 싶지 않기 때문이다.

　형들이라고 다 똑같지는 않다. 예외도 있다. 그런 형들은 한결같으면서도 한결같지 않은 구석이 있다. 가는 길이 다르고, 노는 물이 달라도 동생들을 가볍게 대하지 않는다. 동생들을 무시하지 않으니 형들도 무시당하지 않는다.

방송사에서 만난 형들 중에 두 명이 떠오른다. 한 사람은 라디오에서 〈음악캠프〉를 지키는 배철수 형, 다른 하나는 바로 이 책을 쓴 구영회 형이다. 둘은 1953년생 동갑내기다. 한국전쟁 중에 그렇게나 죽은 사람이 많았는데 이들은 오히려 그런 와중(?)에 태어난 자들이다.

인생은 만남의 연속이다. 만남에는 두 종류가 있다. 직접 만남과 간접 만남. 직접 만나는 게 더 좋을 것 같지만 간접 만남의 장점 또한 그에 못지않다. 저녁 6시에 라디오를 켜면 철수 형을 '만날' 수 있다. 그가 전해주는 음악과 은은한 음성을 오붓하게 즐길 수 있다.

저 멀리 지리산에 가 있는 영회 형은 도대체 어떻게 만나나? 의외로 간단하다. 책을 펼치면 언제라도 영회 형을 만날 수 있다. 지리산의 향기와 형의 정기를 오롯이 가슴에 담을 수 있다. 희망이 별건가. 좋은 사람을 만나면 희망은 덤으로 온다.

멈추면 비로소 보이는 것들이 있다고 스님은 말했다. 그런데 실은 어디서 멈추어야 하는지 잘 모르겠다. 형에게 물었다. 그렇게 바쁘게 지내더니 지리산에 멈추어서야 젊은이가 보였다고 형은 말한다. 그리고 거기서 자기 자신도 보았다고 증언한다.

인품과 문재文才를 갖춘 형에게 글을 쓰라고 권한 사람들이 더러 있었을 거다. 나도 그들 중 하나다. 그냥 웃어넘기던 형이 마침내 붓을 들었다. 책 머리말에 형의 의지가 또렷이 묻어 있다.

"이윽고 나는 글을 쓰기로 마음먹었다."

'갑자기'가 아니고 '불현듯'이 아니다. '이윽고'다. '이윽고'는 '시간이 흐른 뒤'를 말한다. 그 시간 동안 그는 보았고 겪었고 느꼈을 것이다. 그것이 비로소 글이 되기 시작한 것이다. 그는 왜 글을 쓰기로 마음먹었을까?

"젊은 당신에게 작은 보탬이라도 되고 싶었다."

희망을 잃은 도시의 젊은이들에게 지리산 청풍명월

이 과연 무엇을 보태줄 수 있을까?

형이 조언한다. '힘든 날들은 벽이 아니라 문'이라고. 어렴풋이 알 것 같다. 그가 열어보라는 문의 이름은 바로 '질문'이다.

꿈꾸는 자와 바꾸는 자는 무엇이 다른가. 왜 최고의 명마名馬는 새옹지마이고, 왜 최고의 행복은 전화위복인지 스스로에게 질문해 보라는 것이다.

"당신이 정말로 당신을 사랑하고 아낀다면 당신 자신에게 생각을 바꿀 기회를 주라."

이제야 조그맣게 들린다. 희망의 노래를 부르고 싶다면 인생을 바꾸려 하지 말고 인생관을 바꾸라는 것.

어려서부터 말장난 한다고 놀림을 받았는데 이젠 말장난이 '밥벌이'가 된 걸 조금씩 실감한다. 형의 책을 읽으면서도 하나 만들어 냈다.

"사람은 살肉과 피血로 이루어졌는데 그건 그 사람이

어디서 '살'고 어디서 '피'느냐에 달렸다."

지리산에 '살'고 지리산에서 '피'고 있는 형을 조만간 직접 찾아가 만나야겠다. 거기서 형과 함께 〈희망가〉를 부르면 왠지 희망이 잡힐 것도 같다.

그가 세상을 보는 눈은 남달랐다

김주하 (방송인, MBN 앵커)

나 또한 사방이 벽이었다. 문이 어딘가에 있을 것이란 믿음으로 수없이 벽에 손을 짚어 보았지만 문이 보이지 않았다. 그렇게 희망과 절망이 엎치락뒤치락하던 뒤범벅 끝에, 어느 순간 그 벽이 움직이기 시작했다. 내가 무작정 기댄 것도 아니고 몸부림치듯 민 것도 아닌데 ….

나의 온 마음이 담긴 무수한 손자국 때문이었을까. 상황을 벗어나 보려는 내 간절한 바람 때문이었을까. 온통 뒤덮었던 먹구름들이 때가 되니 마침내 걷히면서 푸른 하늘이 보이기 시작했다.

내가 MBC 〈뉴스데스크〉 앵커 시절 보도국장으로 함께 일했던 구영회 선배, 그가 세상을 바라보고 짚어 내는 눈에 나는 정말 감탄한 적이 많았다. 그의 시각은 흉내 낼 수 없이 독특하고 남달랐다.

그의 글을 읽으며 그가 자기 인생길에서 맞닥뜨린 벽을 어떻게 문으로 만들었는지 새삼 나도 알게 되었다. 일로만 기억되어 있던 그의 내면세계에 공감하게 되었다. 그의 이야기는 직접 마주 앉아 육성으로 듣는 느낌을 준다. 어쩌면 그리도 맛깔스러운 것일까. 그가 지리산에서 만난 젊은이들은 내게도 인상적이었다. 그 청년들은 각자 자기의 문을 찾아낸 사람들이다.

당신도 그의 글 책장을 한 페이지씩 넘겨보라! 당신도 묶이지 말고 벗어나라!

힘든 날들은
벽이 아니라
문이다

차 례

33

제1부 삶이 바뀌는
교차로

젊은 당신을 초대하면서

어서 오게! 먼 길 오느라 수고했어.
허름한 집이지만 자네들을 환영하네.

여기 평상에 앉아 편히 쉬게.
원래 대문으로 쓰다가 평상이 됐지.
이 나무도 자기 앞날을 몰랐을 거야.

모처럼 귀한 손님들이 왔으니
오늘 저녁은 삼겹살 구워서 소주 한잔 할까?

저 앞에 있는 아궁이에 장작불 지피면

불땀이 썩 좋은 편이야.

날씨를 보니 오늘 밤하늘은

구경할 만하겠어.

이따 밤에 저쪽 대문 지붕 위로

지리산 능선 뒤에서 달이 나올 거야.

청풍명월淸風明月이란 말 들어 본 적 있어?

자네들 바로 뒤 툇마루 위에 작은 편액 보이지?

마침 저 글씨가 바로 청풍명월이야.

청풍명월은 '맑은 바람 밝은 달'이란 뜻이야.

바람은 어디든 가리지 않고 골고루 불고,

달은 온 세상을 골고루 밝게 비추잖아.

맑고 밝은 것에 견줄 만한 게

세상에 어디 있을라고.

사람이 그런 노릇을 한다면

정말 멋질 거야.

달이 보이면 별들도 보이지.

이따 머리 위에서 북두칠성하고

북극성 한번 찾아 봐.

자네들 시인 윤동주 알지?

윤동주의 〈서시〉 맨 끄트머리는

밤하늘을 바라보다가 썼겠지.

'오늘 밤에도 별이 바람에 스치운다.'

그런데 나는

그 대목보다 그 바로 앞줄이 왠지 더 좋더라.

'그리고 나한테 주어진 길을 걸어가야겠다.'

자네들한테도

각자 주어진 길이 있을 거야.

내 거처는 남도 땅 지리산 자락이다. 전 주인한테 들으니 자기는 두 번째로 들어와 30년쯤 살았고, 맨 첫 주인이 또 30년쯤 살다가 떠난 걸로 봐서 60년가량 된 집이라고 했다. 환갑 넘긴 내 나이랑 얼추 비슷하다.

내 거처는 장작불 때는 작은 구들방 한 칸에 거실 그리고 부엌이다. 마당 구석에 있는 화장실은 수세식이 아니고 재래식이다. 가끔 서울에서 내려오는 집사람과 가족들이 불편해 하는 것 같아 읍내에서 어렵사리 좌변기를 구해다가 얹어 놓았다.

비탈진 마을 뒷산이 바로 지리산 자락이다. 40가구쯤 사는 마을은 언제나 조용하고 고즈넉하다. 한여름엔 마을 중간에 있는 오래된 느티나무 아래에서 할머

니들이 온종일 사이좋게 모여 지내고, 마을 위쪽 높다란 정자에는 몇 명 안 남은 할아버지들이 두런두런 밤 늦도록 벗 삼아 지낸다.

마을 어른들은 일본 제국주의 침략을 겪었고, 6·25를 직접 체험했다. 인생과 삶의 풍파에 관한 한 '종결자'들이라고 해야 할 마을 어른들은 이 땅에 살고 있는 사람들 중에 최고참들이다. 그 양반들은 젊은 당신의 아버지의 아버지고 어머니의 어머니다.

당신과 내가 살면서 겪는 온갖 일들을 그 양반들은 아주 오래전에 우리들보다 훨씬 앞서 겪었다. 이들은 인생의 모든 연령대를 통과하면서 온갖 고민과 경험을 우리들보다 더 많이 더 징하게 겪은 대선배들이다.

오래된 느티나무 아래에 앉아 있는, 느티나무를 닮은 노인들의 모습을 가만히 지켜보면 저마다 함부로 대하기 어려운 '아우라'가 느껴진다.

이 노인들은 가장 오래 살았는데 가진 돈은 가장 없

는 편이다. 하지만 이들은 '유쾌한 빈털터리'들이다. 빈털터리인데 유쾌하다. 빈털터리여도 얼마든지 유쾌할 수 있다는 것을 보여준다.

이 양반들한테 가끔 말을 섞어 보면, 인생에 대한 관점과 해석은 바람처럼 사뿐하고 해묵은 느티나무 뿌리처럼 깊숙하다.

삶의 조건들은 이들을 더 이상 괴롭히지 못한다. 이들은 조건에 구애받지 않기 때문이다. 유머와 조크가 넘쳐 난다. 평생 잘살아 본 적 없는데 풍부하다. 대나무 속처럼 텅 비어 있어 맑은 소리가 난다. 단순해서 복잡함과 충돌이 없다.

단순하고 비어 있는 마음은 그래서 핵심을 더 명확히 포착한다. 건너뛰어도 금방 통한다. 삶에 대한 악감정이 녹아 사라지고 없다. 악의가 작동하지 않는다. 이들에게 삶에 대한 부정적인 불순물들은 걸러져서 찾아볼 수 없다. 이들은 걸어 다니는 하회탈이다.

이들의 삶은 하동 포구 가까이까지 흘러간 섬진강 물이다. 바다가 멀지 않았다. 삶의 끝은 바다다. 누구나 삶의 끝에 이르면 그동안 흘러온 강물의 이름을 버린다. 그냥 바다가 된다. 세상의 모든 강물들을 다 끌어안은 바다는 더 이상 이름이 필요 없는 큰물이다.

당신과 내가 훗날 이 노인들처럼 오래 살 것인지에 대해서는 당신도 나도 아는 바 없다. 오래 살아도 과연 이들처럼 경쾌할 수 있을지 장담하기 어렵다. 이들은 당신과 나에게 너무나도 귀중한 인생 표본들이다. 노인 한 사람이 사라지면 도서관 한 개가 불에 타 없어지는 것과 같다는 말이 있다.

❧

오늘 나는 산자락 내 거처와 인생 고수들이 모여 사는 마을에 젊은 당신을 특별히 초대했다. 조금 전 첫머리에서 내가 당신들을 위해 삼겹살을 굽는다고 하지 않왔던가.

당신이 나의 이야기를 듣는 데에는 아무것도 필요하지 않다. 그저 인연의 작동만이 있을 뿐이다. 당신은 그냥 편안하게 긴장감을 풀고 잔잔해진 마음으로 마당의 평상에 앉아 당신의 귀만 빌려주면 된다.

당신은 아마 시간에 쫓기는 일에 익숙할 것이다. 심지어 당신에게 아직 일자리가 없더라도 당신은 시간에 쫓기고 있을 법하다. 하지만 시간은 당신에게 아무 짓도 하지 않았다. 태초부터 순간순간 째깍거리며 한 치의 오차도 없이 누구에게나 공평하게 흘러온 '시간'이란 것은 애당초 당신을 내몰지 않았다. 다만 당신이 내몰린 것이다. 당신이 당신을 시간의 양 극단으로 내몬 것이다.

시간은 당신에게 아무 짓도 하지 않았지만 당신이 시간에게 한 짓은 끔찍하고 극단적이다. 아마 당신이 젊은 '미생'이라면 당신은 시간에 허덕거릴 것이다. 도

무지 당신만의 시간이 없다. 반대로 당신이 본의 아니게 백수이더라도 상황은 마찬가지다.

무슨 소리냐고? 남는 게 시간밖에 없다고? 그게 바로 당신이 시간에게 한 짓이다. 시간은 바쁜 이에게도 한가한 이에게도 나쁜 짓을 한 적이 없다. 시간 부족이나 시간 과잉은 모두 개인이 저마다 시간에게 한 짓들이란 점에서 똑같다. 시간은 무혐의다.

내가 난데없이 시간 이야기를 꺼낸 것은 무엇인가에 쫓기거나 허덕이는 마음이 가라앉아야만 이야기가 잘 들리기 때문이다. 이근원통耳根圓通이라는 말이 있다. 귀의 뿌리가 좋은 사람은 만사가 형통한다는 뜻이다.

귀를 여느냐 닫느냐는 경우에 따라 갈림길에서 결정적인 화살표가 될 수 있다. 눈으로 보느냐 눈을 감느냐도 마찬가지다. 먼저 들어야 들은 것을 소화해 자기 소리를 낼 수 있다. 당신은 어린 아기였을 때 엄마, 아빠가 내는 소리를 먼저 듣고 말을 배웠다. 당신이 내는

삶이 바뀌는 교차로

소리는 당신이 들은 데에서 시작되었다.

지금부터 내가 당신에게 들려주고 싶은 이야기는 대형 서점의 자기계발 코너에 수북이 쌓인 이른바 삶의 '기술'이나 '요령'에 관한 내용들이 아니라는 것을 나의 이야기를 들으면서 당신은 점차 알게 될 것이다.

내 이야기는 인생과 삶의 본질에 관한 것이다. 당신이 간혹 엉뚱하다는 얘기를 듣거나 터무니없는 상상을 하기도 하는 사람이라면 나로서는 더욱 환영할 만한 일이다. 그것은 당신 마음의 신축성과 수용성이 좋고 마음의 근육이 아직 딱딱하게 굳지는 않았다는 것을 의미하는 희망적인 시그널이기 때문이다.

자기 상황 해석의 갈림길

누가 뭐라 하든지 지금 당신에게 가장 중요한 것은 당신의 상황이다. 특히 당신이 처한 상황을 어떻게 해석하고 대응할 것이냐는 문제는 매우 결정적인 일이다.

마음이 시끄러운 사람은 깊은 산 속에 놓여도 여전히 시끄럽고, 마음이 잘 가라앉은 사람은 시끌벅적한 시장 바닥에 내놓아도 차분하다.

경북 포항 언저리에서는 '속시끄럽다'는 표현이 양면적 의미를 갖는다. 하나는 육체적으로 속이 부대낀다는 뜻이고, 다른 하나는 마음이 어지럽다는 뜻이다.

지금 처한 상황으로 인해 당신의 속이 시끄러울수록 나의 이야기는 보탬이 될 수 있을 것이다.

특히 상황에 대한 당신의 해석은 다시 새로운 후속 상황을 빚어내 당신이 여전히 그것에 묶여 있거나, 아니면 당신 안에 있는 열쇠로 족쇄를 풀고 벗어날 수 있다. 다시 말해 상황을 확대 재생산하거나 아니면 종결짓는 데에 결정적인 실마리가 될 수 있다는 것이다.

상황, 처지, 형편, 사정, 입장 이런 말들은 사실상 동의어다. 같은 몸으로 갈아입은 여러 개의 옷에 불과하다. 무슨 상황이든지 본래의 당신 자신은 그 어디로도 달아나지 않고 그대로 있다.

🌿

앞을 못 보는 사람이 혼자 산길을 가다가 미끄러졌다. 깜짝 놀라 허둥지둥 손을 내젓다가 가까스로 나뭇가지를 붙들었다. 겨우 목숨은 건졌지만 그는 자기 몸이 허공에 떠 있는 것을 느끼고는 가슴이 또 한 번 철렁했다. 낭떠러지에 매달린 것이었다.

손에서 점점 힘이 빠졌다. 이제 자칫하면 얼마인지도 모를 저 아래로 떨어져 죽을 수도 있는 노릇이었다. 그는 절체절명의 그 순간에 있는 힘을 다해 소리쳤다.

"사람 살려!"

연거푸 외쳤다.

천만다행으로 마침 근처를 지나던 행인이 그의 비명 소리를 듣고 가까이 왔다. 행인이 보니 그는 사람 키 높이쯤 되는 위치에 매달려 있었다. 아래쪽엔 풀들이 많이 자라 있어 손을 놓고 떨어져도 크게 다치지 않을 듯했다.

"여보시오! 내가 보니 별로 높은 곳이 아닌데 조심해서 손을 잘 놓아 보구려!"

하지만 눈먼 그 사람은 행인의 말이 믿어지지 않았다. 만약에 잘못되기라도 한다면 목숨을 잃을 텐데 하며 미심쩍은 마음으로 계속 매달렸다. 그러나 더 이상 버틸 수가 없었다.

그는 마침내 힘이 다해 이제 죽는구나 하면서 아래로 떨어졌다. 그는 엉덩방아를 찧으며 나동그라졌다. 다행히 다친 데는 없었다.

"그것 봐요, 내가 괜찮을 거라고 하지 않았소?"

그는 그 일을 겪고 난 뒤 크게 깨달았다. 앞을 못 보는 상태에서 실제 상황을 제대로 알지 못하고, 더구나 이해관계도 없는 다른 사람의 말까지 의심하면서 크게 빗나간 판단을 했던 자기 자신이 참으로 어리석었다는 생각이 들었다.

❧

어쩌면 당신은 지금 당신의 상황이 절망적이라고 여기고 있는지? 다른 어떤 돌파구나 변수가 나타날 것인지에 대해 전혀 가늠하지 못하는 상황에서 눈이 멀어 스스로 모든 가능성을 닫아 버린 것은 아닌지?

절망이나 체념은 어디까지나 당신의 좁은 해석일 뿐이다. 해석은 해석일 뿐 실제가 아니다. 해석은 당신의 상상이다. 혹시 당신 안에서 좁은 자가 좁은 해석으로 당신을 내몰고 있는 건 아닌지 되짚어 보기 바란다. 삶은 당신의 해석보다 훨씬 다양하고 크다. 그리고 이 점은 빈부격차와는 아무런 상관이 없다.

당신 안에는 좁은 자도 있지만, 그렇지 않은 현명한 자도 함께 살고 있다. 바로 그자가 눈을 뜨면 당신의 상황은 달라질 것이다. 함부로 섣불리 해석하지 말라. 그리고 힘겨울 때에는 당신이 당신 자신을 속시끄럽게 하지 말고 가만히 내버려 두라. 일단 손부터 내려놓으라. 지금 당신의 배낭은 너무 무겁다. 아니 당신의 생각과 해석이 더 무겁다.

점을 치는 사람들이 여전히 벌어먹고 사는 이유는 사람들이 자기 인생을 비좁은 해석에 의존하기 때문이

삶이 바뀌는 교차로

다. 인생은 자기가 주인공이 되어 사는 것이지 남이 대신해 줄 수 없다.

우연히 〈개그 콘서트〉를 보다가, 아파트 입구에서 젊은이가 경비 아저씨와 동네 할아버지 틈에 끼여 엉뚱하게 옥신각신하면서 웃음을 자아내는 코너를 본 적이 있다. 경비 아저씨 말씀이 인상적이다.

"그건 네 생각이고…."

인도코끼리는 다 자라면 덩치가 무척 크다. 인도코끼리를 길들이는 인간들의 꾀를 기특하다고 해야 할지, 아니면 잔인하다고 해야 할지, 내 이야기를 듣는 당신이 판단해 보기 바란다.

사람들이 사육하는 인도코끼리는 평생을 말뚝에 매여 산다. 덩치가 집채처럼 커진 뒤에도 말이다. 사육사들은 코끼리가 아직 힘을 쓰지 못하는 어릴 때부터 몸에 밧줄을 걸어 말뚝에 매어 놓는다.

자라는 내내 말뚝에 매인 코끼리는 어른이 되어서도 그저 순순히 그대로 말뚝에 매여 있다. 코끼리의 엄청난 괴력으로 말뚝쯤이야 아무것도 아니지만 말뚝을 흔들어 뽑아 자유로운 몸이 되는 방법을 코끼리는 알지 못한다.

일을 하거나 재주를 부릴 때를 제외하고는 평생을 항상 매여서 지내다 보니 원래부터 그런가 보다 하면서 살아가는 것이다. 잠깐만 힘쓰면 쉽게 풀려날 수 있는 길을 모르고 사는 것이다.

❧

젊은 당신은 혹시 자기 자신을 벌써부터 말뚝에 매어 놓고 있지는 않은지 묻고 싶다. 지금 당신을 얽어매어 조여진 밧줄과 말뚝에 제대로 저항하지 못하고 말뚝 신세가 되어 있는 것은 아닌지 스스로 돌아보라.

상황이 어려울수록 당신 눈에는 말뚝 숫자가 점점 늘어날 것이다. 말뚝은 점점 더 크게 보이고 단단하게 여겨질 것이다. 당신이 그 말뚝과 말뚝에 묶인 상황을 당연하게 받아들일수록 당신이 풀려날 가능성은 오히려 점점 더 낮아진다.

당신의 형편이 어렵다는 점만을 파고들수록 당신은 늪에서 허우적거리게 될 것이다. 당신을 둘러싼 온갖 장애물들과 제약들이 이미 당신의 미래를 그르쳐 놓았다고 스스로 포기하는 순간부터 당신은 그 말뚝 신세를 면치 못하게 될 것이다.

사람의 운명은 본인의 마음 자세와 관점이 지배한다. 당신은 혹시 《시크릿》이라는 책을 접해 본 적이 있는지? 그 책은 세상만사를 관통하는 공평한 법칙을 말하고 있다. '마음이 부르는 대로', '마음이 끌어당기는 대로' 그것들이 당신 앞에 그대로 나타나고 실현된다는 것이다.

2015년 온 나라를 떠들썩하게 만든 '성완종 리스트' 사건을 보면서 묘하게도 나는 시인 김춘수의 〈꽃〉이라는 시가 떠올랐다.

'내가 그의 이름을 부르는 순간, 그는 나에게로 와서 꽃이 되었다.'

속칭 가방끈도 무척 짧고 가난 속에 성장한 성완종 씨는 꼭 성공해서 큰돈을 만져 보고 나름대로 세상을 한번 호령하고 싶었던 모양이다. 그는 끊임없이 '돈'의 이름을 불렀다. 돈이 그에게로 왔다. 수조 원대의 대기업을 일궈 냈다.

그러나 들쭉날쭉한 인생의 기복을 그가 어찌 알았으랴. 언젠가부터 사업이 꼬이기 시작했다. 법적인 책임까지 져야 했다. 그는 결국 주변 탓과 상황 탓을 하기 시작했다. 원망이라는 이름을 부르기 시작했다. 원망이 그에게로 와서 그를 사로잡았다. 그러던 끝에 마침내 그는 불러서는 안 될 마지막 이름을 부르기 시작했

삶이 바뀌는 교차로

다. 죽음의 이름을 불렀다. 안타깝게도 죽음이 그에게로 왔다.

젊은 당신은 사방이 벽으로 꽉 막힌 것 같은 현재 상황에 대해 물론 깊은 번민에 빠질 수 있다. 얼마든지 그럴 수 있다. 하지만 그럴 때 당신이 불러서는 안 될 이름들이 있다. 바로 부정적인 것들의 이름이다.

'난 틀려먹었어', '절벽이야', '도저히 희망이 없는 것 같아' 이런 등등의 코끼리 말뚝 같은 이름들을 당신이 부르지 않기를 바란다.

《시크릿》은 서양 사람이 쓴 책이지만 우리 속담에도 아주 간단명료한 가르침이 있다.

'콩 심은 데 콩 나고 팥 심은 데 팥 난다.'

콩을 심었으니 콩이 날 것이고, 팥을 심으면 팥이 날 수밖에 … 콩도 팥도 다 싫다면 둘 다 심지 않을 것이다. 하지만 심지 않았기에 아무것도 거두지 못한다는 결과는 콩을 심었을 때와 마찬가지로 '가차 없이' 뒤따

른다. 당신이 맞이하는 결과는 좋든 아니든 모두가 당신 마음이 하는 것이라는 뜻이다.

긍정도 부정도 그 사람이 갈아입는 일종의 '변검'이다. 무슨 옷으로 갈아입든 사람은 그 사람이다. 결국 그 사람의 마음이 옷을 입히는 것이다.

당신이 만약 당신의 상황과 마음에 부정적인 옷을 입혔다면 긍정적인 옷으로 바꿔 입히는 게 바람직할 것이다. 당신이 마음을 긍정으로 바꾸면 긍정도 당신을 분명히 바꾸어 놓는다. 당신이 바뀌면 당신을 둘러싼 세상이 바뀌는 것이다. 더 나아가 당신의 삶이 바뀌는 것이다.

부정적인 사람의 방 안에는 한숨이 가득 차고 나뒹구는 빈 소주병이 늘어날 것이다. 그런 사람은 더 이상 해야 할 일이 없다. 그는 절망과 포기와 체념 속에 그냥 휩쓸려 떠내려가기만 하면 된다. 하지만 그의 삶도 그가 심은 콩 따라 팥 따라 함께 떠내려갈 것이다.

삶이 바뀌는 교차로

긍정적인 사람은 해야 할 일이 많아진다. 그는 당장 집안 청소부터 시작할 것이다. 빨랫줄에 이부자리와 옷가지들을 내다 걸게 될 것이다. 그는 자기 마음의 곰팡이와 습기를 제거하는 일에 착수할 것이다.

관점 바꾸기

그 택시 기사는 여느 기사들과는 많이 달라 보였다. 음성은 밝았고 매너는 무척 싹싹했다. 남다른 모습에 궁금해진 승객이 물었다.

"무슨 좋은 일이라도 있습니까? 무척 기분 좋아 보이고 퍽 친절하신 것 같아서요."

택시 기사가 대답한 설명은 전혀 예상치 못한 것이었다.

"전에는 저도 늘 피곤하기만 하고 항상 시무룩한 마음으로 다녔어요. 온종일 뼈 빠지게 일해도 벌이는 신통치 않고, 그러다 보니 짜증만 밀려오고 손님들에게 퉁명스럽게 대한 적이 많았죠. 별 의미도 없이 반복되는 생활에 지쳐 왜 사나 싶더라고요."

"그러다가 무슨 특별한 계기라도 생긴 겁니까?"

승객은 더욱 궁금해져서 반사적으로 되물었다.

"어느 날이었어요. 평소처럼 차를 몰고 다니다가 문득 내 인생에 대해 생각하게 됐어요. 어린 시절 생각도 많이 나더군요. 그러다가 제가 배고팠던 어린 시절에 간절했던 소원이 퍼뜩 생각났어요. 그 소원은 바로 '흰쌀밥에 고등어 반찬을 잔뜩 배불리 먹을 수만 있다면 더 이상은 바라지도 않겠다' 이것이었죠."

그는 이 대목에서 약간 상기된 표정으로 말을 이어 나갔다.

"그런데 가만히 생각해 보니까 내 어린 시절 그 소원은 진작 한참 전에 이미 이루어졌더라고요. 그걸 깨닫게 됐죠. 그렇다면 이미 소원을 이뤘는데 더 욕심 부릴

게 있나 이런 자각이 들었어요. 소원을 이뤄 놓고도 아등바등 불만스럽게 살아야 할 까닭이 없더군요.

그러고 나니 마음을 비우는 게 현명하다는 생각이 들었고, 이렇게 생각을 고쳐먹고 일하다 보니 이전과 달리 나도 모르게 어느 새 마음이 즐겁고 명랑해지기 시작했습니다. 사람이 바뀐 거죠. 그래서 요즘 나름대로 열심히 기운 내서 잘 살고 있습니다."

❧

당신에게 들려준 이 이야기는 실화다. 어느 날 우연히 어느 라디오 방송에서 들은 이야기다.

이 실화는 '관점'을 바꾸면 사람이 바뀌고, 사람이 바뀌면 당연히 그 삶이 바뀐다는 것을 생생하게 증언하고 있다. 관점을 바꾼다는 것은 종전의 생각을 고쳐서 새롭게 다시 바라본다는 것을 의미한다.

사람의 말과 행동은 그의 마음과 생각의 거울이다.

삶이 바뀌는 교차로

사람들은 저마다 자기 그릇만큼 자기 마음만큼 생각하고 행동하고 그 결과를 맞이한다. 우물 안 개구리의 하늘은 우물의 직경보다 더 클 수 없다. 생각을 바꾸고 키우는 일은 그만큼 인생의 수확물을 더 거두게 되는 것을 의미한다.

잘 바뀐 사람은 자기 혼자만이 아니라 주변과 이웃까지도 바꿀 수 있다. 자기 자신을 잘 바꿀 수 있는 사람들이 모이면 세상을 바꾸어 나갈 수 있다.

세상이라는 말은 참 추상적이다. 거기엔 실체가 없다. 세상이란 단어의 세는 인간 '세'世이다. 따라서 세상이란 결국 개개인의 사람들을 의미한다. 세상은 결국 사람인 것이다.

생각을 요지부동으로 바꾸지 못하는 사람은 그냥 그렇게 살아가는 수밖에 없다. 하지만 그런 사람도 최후에는 불쑥 다음과 같은 생각에 사로잡힐 것 같다.

'내가 무엇을 위해 이렇게 살았지? 너무 좁은 세상

속에 빠져 있었어. 아아! 이젠 바꿀 시간이 없구나!'

이렇게 말이다.

생각을 뒤집거나 바꿀 수 있는 사람의 인생은 변화무쌍하게 될 것이다. 젊은 당신은 생각이란 것에 대해 융통성을 가질수록 유익할 것이다. 당신이 정말로 당신을 사랑하고 아낀다면 당신 자신에게 생각을 바꿀 기회를 주라.

65
삶이 바뀌는 교차로

어쨌든 당신은 무척 다행이다

당신을 둘러싼 환경과 조건들이 아무리 빠듯하고 버겁더라도, 어쨌든 당신에게는 다행인 것들이 당신 생각보다 훨씬 수두룩하다. 당신은 그 이유를 가수 이적의 노래에서 찾을 수 있다.

그대와 마주 보며 '숨을 쉴 수 있어서' 다행이다 ….
그대와 나눠 먹을 '밥을 지을 수 있어서' 다행이다 ….

숨을 쉬고 밥을 먹는 일은 여건이 아주 좋은 사람이든 아주 나쁜 사람이든 누구에게나 똑같이 주어지는 '공평한 다행'이다. 당신에게 아무리 대박 같은 일이 생겨도, 반대로 당신에게 아무리 궂은 일이 생겨도, 숨을 쉬지 못하거나 밥을 먹지 않으면 기본적으로 살아갈 수 없다.

당신이 아무리 어려운 처지에 있더라도 기본적으로 다행인 것들이 아주 많다. 가수 이적의 노랫말을 내가 패러디해 보겠다.

화장실 벽을 마주 보며
'신진대사를 잘 할 수 있어서' 다행이다···.

나의 두 발이 멀쩡해서 가고 싶은 곳을
'걸어 다닐 수 있어서' 다행이다···.

이런 기초적으로 다행인 것들이 있기에 당신은 그 바탕 위에서 살아가고 굴러가는 것이다. 당신은 잠을 잘 수가 있어서 다행이다. 아침에 눈을 뜨고 깨어날 수 있어서 다행이다.

밤사이 세상 도처의 병원에서는 누군가가 더 이상 눈을 뜨지 못해 세상을 떠났다. 그 사람들은 너무나 눈을 계속 뜨고 싶었을 것이고 숨을 계속 쉬고 싶었을 것이다. 그러나 그 사람들은 당신이 아무렇지도 않게 들이마시고 내쉬는 그 숨을 더 이상 쉴 수 없어 세상을 떠났다.

혹시 당신이 지방이나 시골에 부모님을 두고 도시에 와 있다면 부모님으로부터 이런 걱정과 당부를 들었을 법하다.

"밥 잘 챙겨 먹고 다니지? 그저 몸만 건강하면 돼."

부모님들은 잘 알고 계신다. 밥을 잘 먹는 일 그리고 몸이 성한 일, 이런 기본적인 것들이 얼마나 소중한 일인가를.

　이런 기본적으로 다행인 것들이 허물어지면 사실상 모든 것이 줄지어 허물어지는 것이 된다.

　국내 최고 부자이며 가장 영향력이 큰 경제인이었던 어느 대기업 총수가, 당신처럼 자기의 두 발로 가고 싶은 곳을 더 이상 마음껏 다닐 수 없는, 오랫동안 병상에 있어야만 하는 처지가 된 것을 당신도 들어서 알고 있을 것이다.

　심지어 당신이 자신을 외톨이라고 여기면서 극심한 외로움에 사로잡혀 있더라도 당신에겐 분명히 다행인 것들이 많이 있다.

　그러나 당신이 이미 누리고 있는 이런 기초적으로 다행인 것들에 마음의 눈을 뜨게 된다면, 그것들을 새삼스럽게 발견할 수 있다면, 당신은 바로 그 지점에서 모든 것을 새로 시작할 수 있다.

　김수환 추기경이나 법정 스님이나 마더 테레사는 생

전에 그저 최소한의 생활 조건 속에서 가난한 모습으로 살다가 떠났다. 이분들은 내가 방금 당신에게 말한 아주 '기본적으로 다행인 것'만으로 삶을 살았다.

소록도 나환자촌에서 묵묵히 무려 40년 동안 환자들을 지극정성으로 돌보았던 오스트리아 수녀님 두 분이 아무에게도 알리지 않고 조용히 한국을 떠났다.

이 두 수녀님은 그나마 본국에서 보내주는 생활비마저도 환자들과 마을 사람들을 위해 사용했다. 그러다 70대 나이가 되자 더 이상 봉사를 하기가 어렵다는 판단을 했고, 더 이상 머무는 것이 주변 사람들에게 짐이 될 뿐이라고 생각했다. 이윽고 소록도를 조용히 빠져나간 두 분이 40년 생활 끝에 남긴 것은 애틋한 마음과 사랑이 담긴 편지 한 장뿐이었다.

나는 이분들을 만난 적은 없지만 이분들은 틀림없이 '최소한의 다행'만으로 생활하셨을 것이다. 늘 검소하고 자신들이 이미 가진 것들에 집중하며 감사하는 삶을 살았을 것이다.

내가 지금 당신에게 소개한 이 청명한 분들은 '최소한의 다행'과 '기본적인 다행'만으로도 온 세상의 빛과 소금이 될 수 있다는 것을 몸소 보여주신 분들이다. 세상에서 맑고 밝은 것을 능가할 수 있는 것은 없다.

나는 어떤 인연으로 산악인 엄홍길 씨를 몇 차례 만난 적이 있다. 그리고 오래전에 그의 책 《8천 미터의 희망과 고독》을 우연히 읽은 적이 있다. 그가 들려주는 절체절명의 체험담은 숭고한 느낌을 준다.

그는 대낮도 아닌 캄캄한 밤중에 눈보라가 거세게 몰아치는 히말라야 산꼭대기 정상 부근에서 발목까지 부러진 중상을 입은 채 추위와 허기에 기진맥진해 마침내 죽음의 순간을 맞이하게 된다. 그러다가 천만다행으로 이른 새벽 산 너머에서 햇살이 비치는 순간 의식을 되찾는다.

'햇빛을 보는 순간, 온몸의 세포 하나하나가 되살아

나는 느낌이었다. 그 느낌을 말이나 글로 나타내기엔 불가능한 것 같다.'

아마 그는 산소가 희박한 고산지대에서 '숨을 쉴 수 있는 다행'이 무엇인지를, 그리고 하루의 태양이 별일 없이 잘 비추는 것이 얼마나 큰 다행인지를 지구상의 그 누구보다도 훨씬 깊이 깨닫게 됐을 것이다.

아마 그는 다리에 그렇게 수없이 부상을 입었음에도 불구하고, 그래도 아직 걸어갈 수 있는 '기초적인 다행' 이 무엇인지 뼛속 깊이 깨달아 간직하고 있을 것이다. 그는 기초적인 다행 하나에 의지해서 히말라야에 올랐다. 그에게 기초적인 다행 이외의 것들은 그다지 중요하지 않을 것이다.

팔과 다리에 장애를 갖고 태어난 표형민 군은 아기 때 어느 수녀원 앞에 버려졌다. 그는 8살 때 발가락에 연필을 끼워 만화를 그리다가 인생에 큰 전환점을 맞이한다.

"발가락이라도 쓸 수 있는 게 얼마나 감사한 일인지 깨닫게 됐어요."

그는 훗날 멋진 그림을 그리는 구족화가가 되었다. 그리고 발가락에 하모니카를 끼워 연주하면서 어려운 사람들을 위해 봉사도 다닌다. 당신과 내가 갖춘 사지 멀쩡함의 기본적인 다행조차도 허용받지 못했던 사람이다. 하지만 그는 자기의 엄청난 불행을 '장한 다행'으로 바꾸었다.

나는 이곳 지리산 자락에서 '숨을 잘 쉬면서' 젊은 당신에게 말을 건네 붙일 수 있어서 다행이다. 손가락으로 컴퓨터 자판을 두드릴 수 있어서 퍽 다행이다.

그리고 우리 주변에 가난하고 쪼들리는 삶 속에서도 미소를 잃지 않는 사람들이 함께 살고 있다는 것은 참 다행이다. 젊은 당신도 '당신만의 다행'을 잘 살펴보기를 바란다.

삶이 바뀌는 교차로

나만의 시간

고맙게도 나를 찾아 준 자네들한테

오늘은 내가 특별한 선물을 준비했네.

내 선물은 물건이 아니라 '특별한 장소'일세.

젊은 시절부터 나는 전국 곳곳을

등산과 여행으로 꽤 많이 다녀 본 편이라네.

이곳은 내가 다녀 본 곳 중에서

가장 빼어난 풍광을 가졌다고

자신 있게 손꼽을 만하지.

이 땅에서 가장 큰 자연이

가장 크게 가로막으며 버티고 있기도 하고,

또한 가장 크게 확 트여 있기도 한 절묘한 곳일세.

서로 없어서는 안 될,

서로가 서로를 무척 아름답게 돋보이도록 만들어 주는

숙명의 배필이자 짝꿍이 영원히 함께하는 곳이지.

바로 지리산 주능선과 섬진강이

한눈에 오지게 펼쳐지는 곳이야.

이쪽으로 나를 따라오게.

사람들이 잘 모르는 숨은 정자가 있어.

지리산의 맥을 한눈에 올려다보고

섬진강을 한눈에 내려다볼 수 있는 곳이지.

자! 여기 정자 난간에 기대어 서서

눈앞의 시야를 한번 맘껏 즐겨 보게!

봄이면 저 아래 자동차길 가로수가
벚꽃으로 온통 하얗게 뒤덮이지.
여름이면 지금처럼 눈이 부시도록 강렬하게 푸르고.

가을에 단풍이 들면
여기에선 자네 마음도 짙게 물들게 될 거야.
겨울에 저 큰 산과 너른 벌판이 하얗게 뒤덮이고
저 강물에 눈발 날리면 … .
아, 그 경치도 말로 하긴 힘들어.

내가 자네들을 이곳에 특별히 안내한 까닭은,
잘 기억해 두었다가
훗날 조용히 혼자 찾아와 보기를
권하고 싶기 때문일세.

내가 여기를 자네들한테 소개한 것은,

사실은 경치 구경을 하라는 뜻이 아닐세.

이렇게 맑은 곳은

뭔가 특별한 기운이 감돌기 마련이지.

그 기운이 분명히 자네를 도와줄 걸세.

젊은 자네가 이런 곳에 혼자 여행을 와서

'나만의 시간'을 갖게 된다면,

그 시간들은 혹시 자네 인생을 송두리째

바꾸어 놓을지도 모를 일이지.

내가 오늘 자네한테 들려주고 싶은 이야기는

바로 이것일세.

젊은 당신이 오롯이 '나만의 시간', '나만의 틈새'를 잘 가질 수 있기를 바라면서 내가 방금 소개한 장소는 전남 구례 땅이 끝나는 화개장터를 지난 경남 하동 악양 벌판의 언저리다.

나만의 시간을 잘 확보하거나 누리는 사람은 자기 자신을 더 나은 방향으로 틀림없이 진화시킨다. 나만의 시간을 통해 나 자신이 누구인지 과연 무엇을 원하는지에 대해 보다 분명하게 알게 되기 때문이다.

나만의 시간이란 물론 혼자 하는 여행이나 혼자 즐기는 취미를 통해서도 얻어질 수 있다. 하지만 그런 형식보다도 더 본질적인 핵심은 당신 바깥에 있는 것들과의 관계를 잠시 벗어나 '당신 자신과 마주하며 당신 자신과 대화'할 수 있는 그런 시간을 의미한다.

나만의 시간이란 온갖 것에 둘러싸여 번잡해진 당신 자신에게 스스로 허락하는 휴식 시간이다. 휴식 공간이라 해도 무방하다. 당신이 만약 시간에 쫓겨 바쁘게 굴러가는 사람이라면 그 와중에 당신이 스스로 마련한 잠깐 동안의 '틈새'를 가리킨다.

당신이 휴식하는 시간과 공간은 사실은 같은 것이고 같은 짝이다. 시간이 있으면 그 시간이 놓인 공간이 있고, 공간이 있으면 그 공간을 흐르는 시간이 있다.

어느 날 서울에 잠시 올라와 단골 서점에 들렀다가 눈길이 가는 책 한 권을 발견했다. 《내가 혼자 여행하는 이유》라는 책이었다. 일에 대한 강박관념 속에 제대로 된 휴식조차 갖지 못한 채 숨 가쁘게 살아가다가, 끝내 가정까지 망가져 버린 오스트리아의 어느 여성이 혼자만의 여행을 통해 자신의 삶을 되찾은 이야기와 충고를 공감 있게 들려준 내용이다.

그녀 이름은 '카트린 지타'Katrin Zita다. 나 또한 은퇴하기 전부터 은퇴 후 오늘까지 30년 가까이 대부분 혼자 여행하거나 혼자 등산하거나 혼자 걷기를 즐겼던 사람으로서, 혼자 놓이고 혼자 하는 것들에 관한 한 내 나름대로 할 이야기는 꽤 많은 편이지만 여기서 잠시 카트린의 이야기를 함께 들어 보자.

☘

처음 여행을 떠날 당시에 내 상황은 엉망진창이었다. 이혼을 한 지 얼마 안 된 데에다가 직장에서는 일에 치여 매우 지쳐 있었다.

현실에서 한 발짝 떨어지자 마치 높은 산 위에 올라 산 아래 마을을 내려다보는 것처럼, 내 삶에 전혀 도움이 되지 않았던 일들이 한눈에 보였다. 나는 불필요한 요구와 의무를 다하느라 정작 나에게 중요한 일들을 소홀히 하고 있었다.

그동안 다른 사람의 기대에 부응하느라 정작 내가 진짜 원하는 것이 무엇인지조차 스스로 묻지 않았음을 깨달았다.

선택의 여지가 없는 것처럼 여겨졌던 나의 삶이 실제로는 삶의 여러 모습 중 한 가지에 불과하다는 것을 깨달았다. 하나의 방식만을 고집했던 나를 반성했다.

혼자 여행하면서 나는 점점 자신감을 되찾았고 자립적인 사람이 되었다. 내가 조금 더 나은 사람이 되는 것 같은 기분이 들었다.

인생은 결국 혼자 떠나는 여행이다. 혼자 행복할 수 있어야 자신의 생각대로 자신이 원하는 대로 살아갈 수 있다.

🌿

카트린은 이렇게 이야기하면서 값진 충고 한마디를 덧붙인다.

"나 자신을 발견하고, 방치했던 상처들을 치유하고, 부족한 부분을 채워서 더 나은 사람이 되는 데에는 굳이 많은 돈이나 극심한 감정 소모가 필요하지 않다. 혼자 여행을 떠나는 용기만 있다면 더 이상 다른 것들은 필요 없다."

이제 당신은 카트린의 '혼자 떠나는 여행'과 내가 말하는 '나만의 시간'이 하나도 다르지 않은 같은 방향을 가리키고 있다는 것을 이해했을 것이다.

당신이 나만의 시간을 통해 관계의 쓰나미를 벗어나는 것은 당신의 시간이 비로소 제대로 돌아가기 시작하는 것을 의미한다. 나만의 시간이 여행이든 취미 활동이든 산책이든 사색이든 관계없다. 오로지 자신만을 위해 잠시 짐을 내려놓고 홀가분한 상태를 만들어보라.

시간에 허겁지겁 떠밀린 미생들과 취준생들의 삶이나 시간이 느릿느릿 지루한 백수들의 삶이나 원천적으로 모두 소중하다. 지구상의 그 누구도 단 한 차례의 삶을 살다가 떠난다.

당신이 당신 자신에게 홀가분함과 단순함의 '틈새'를

선물하는 것은 당신 자신을 돕는 것은 물론이고 더 나아가서 남도 돕는 일이 된다. 나만의 시간은 온전히 공익적이다. 공공의 이익이다.

삶에 나만의 시간과 틈새가 있는지 이제 당신이 당신 자신에게 물어봐야 할 시간이다. 벗어나야 보인다.

진정한 자존심의 재발견

의외로 많은 사람들이 자존심이란 것에 대해 잘못 알고 있다. 잘못 알고 있는 만큼 아니 그 이상으로 자존심에 휘둘린다. 그로 인해 크고 작은 온갖 일들이 벌어지기도 한다.

젊은 당신의 하루하루가 힘들고 고달플수록 자존심이 상하는 경우가 적지 않을 것이다. 때로는 자존심을 버려야 하는 경우도 있을 것이다.

특히 요즘처럼 경쟁과 비교가 판치는 세상에서 당신의 자존심은 심하게 다치거나 구겨질 가능성이 많아

보인다.

당신의 자존심을 건드리면서 당신을 어디론가 부정적인 방향으로 내몰거나 부추기고 있는 그 민감한 촉발제의 대표적인 이름들은, 예를 들면 스펙, 학력, 외모, 배경, 차별, 선입견, 고정관념 이런 것들이다.

세상을 향한 출발선상에서부터 가뜩이나 힘든 당신을 더욱 괴롭히는 독성을 머금은 이 잣대들은 공동체 사회와 세상 사람들 그리고 젊은이들을 야멸치고 모질게 갈기갈기 찢어 놓았다. 이 괴물들은 오래 방치되었다가는 언젠가 자칫 사회 전체를 제물로 삼을지도 모른다.

나는 젊은 당신을 둘러싼 현실이 이 모양 이 꼴이란 것을 모르는 바 아니다. 그럼에도 불구하고 젊은 당신이 잘 새겨 지닐 만한 의미 있는 것이 하나 있다. 그것은 당신이 열악한 환경과 어려움을 헤치고 나아가는 데 매우 유익한 보탬을 줄 것이다. 그것은 바로 당신이 참다운 자존심, 진정한 자존심이 무엇인지를 깨닫는 일이다.

※

자존심에 관해 생각나는 대로 자기 자신에게 한번 설명해 보라. 그리고 자존심과 관련해 당신이 겪은 일들을 가만히 되살펴 보라. 당신은 혹시 겪지 않아도 될 것까지 스스로 자존심이란 이름 아래 끌어들이는 바람에 덤터기로 일을 겪었을지 모를 일이다.

사람들은 자존심을 '꺾지 않고 지켜야 하는 것'으로 여기거나, 때로는 자존심이 '상했다'고 상처를 받거나 아니면 무엇을 위해 자존심을 '내던져 버렸다'고 생각한다. 혹은 자존심을 '내세울' 필요가 있다고 이에 집착한다.

그것은 자기를 둘러싼 바깥 상황이 자존심을 '건드렸다'고 받아들이면서, 이에 맞서 각자 마음 상태에 따라, 형편에 따라 대응하는 것이다. '진정한 자존심'이 무엇인지 모른 채 그 첫 단추부터 잘못 끼워 대응하는 것이다.

자존심은 상황에 따라 각양각색으로 달라지는 그런 것이 아니다. 건드려지는 것이 아니다. 애당초 그 누구도 건드릴 수가 없다. 건드리는 것도 불가능하고 다치거나 상하는 것도 사실 불가능하다.

사람들이 자존심을 잘못 아는 까닭은 자존심을 자기 자신과 자기 바깥과의 '관계' 속에 놓인 것이라고 여기기 때문이다. 하지만 커다란 착각이다.

자존심은 당신이 당신 바깥의 다른 사람들이나 그 무엇과 관계를 맺기 '이전부터' 존재하는 것이다. 그리고 그 관계가 결말이 난 '이후에도' 여전히 존재하는 것이다. 다시 말해 자존심은 '관계'와 상관없이 지속적으로 존재하는 것이다. 당신이 태어나서 죽을 때까지.

참다운 자존심, 진정한 자존심은 관계를 의식해야

할 '상대방 또는 대상이 없는 상태'를 의미한다. 즉,
'상대해야 할 상대방이 없는' 것이 진짜 자존심이다.
자존심은 '바깥'과의 관계가 아니라 자기 자신과의 관
계다.

당신이 옆에서 보기에 자존심이 크게 상할 상황을
맞이한 사람이 의외로 그런 상황을 별로 개의치 않으
면서 담백한 모습을 보이는 경우가 있다면 그는 무엇
인가를 뛰어넘은 것이다.

자존심의 뜻은 말 그대로 '스스로 존귀하다는 것을
아는 마음'이다. 자기 자신이 자기 자신을 존중하는 것
이다. 남이 존중해 주든 아니든 남의 평가나 남과의 비
교에 좌우되는 것이 아니다.

자존심은 누구에겐 있고 누구에겐 없는 그런 게 아
니다. 자존심은 그 사람의 착각 여부에 관계없이 태어
날 때부터 누구에게나 제 안에 '스스로 내재된 엄연한
존재 가치'를 일컫는다.

당신은 혹시 당신의 자존심을 다쳤거나 잃었다고 여길지 모르지만, 사실은 당신은 자존심을 다치거나 잃은 적이 없다. 다만 당신 안에 이미 있는 그 자존심을 알아차리거나 되찾지 못하고 있는 것일 뿐이다.

자존심은 바깥 상황으로 인해 손상되거나 어디로 달아난 적이 없다. 이것은 뻔뻔함과는 전혀 차원이 다른 이야기다. 뻔뻔함은 가면을 썼지만 진짜 자존심은 진실 위에 서 있다.

자존심에 관해 당신과 나에게 가장 명백하고 매우 간결하게 가르쳐 준 스승이 있다. 그는 '붓다'다. 붓다는 이렇게 말했다.

"천상천하 유아독존!"

온 세상에서 당신은 '제 스스로 이미 존귀'하다. 당신은 지구의 73억 인구 중에서 다른 어디에서도 찾아볼 수 없는, 단 하나밖에 없는 특별하고 고유한 존재다. 당신은 이 세상에서 다른 복제품이 없는 단 하나의 악기다. 당신이 빠진 오케스트라는 당신에게 아무런 의미가 없다. 당신이 오케스트라를 완성하는 시작점이자 끝이다.

당신이 추는 춤은 이 세상에서 유일한 춤이다. 당신만이 가진 개성 있는 음색과 춤으로 자신을 회복하는 것, 그것이 바로 진정한 자존심이다. 젊은 당신이 당신의 참다운 자존심을 되찾게 되면 당신이 살아가는 동안 웬만한 문제들은 당신을 침범하지 못할 것이다.

은빛 테두리

힘들었지만 아직 철이 덜 들었을 무렵, 나는 '은빛 테두리'실버 에지가 무엇을 의미하는지 잘 몰랐다.

내가 '은빛 테두리'에 대해 깨닫게 될 때까지 꽤 많은 시간이 걸렸다. 나는 젊은 당신의 소중한 시간을 아껴주고 싶은 마음에 이 이야기를 꺼낸다.

당신도 '은빛 테두리'를 적어도 한 번 이상 이미 보았음에 틀림없다. 본 적이 없다고 고개를 갸우뚱한다면 그 현상과 의미를 취하는 데에 예전의 나처럼 서툴러서 그럴 것이다.

'은빛 테두리'를 제대로 알기 위해서 당신은 하늘을 쳐다보는 일이 필요하다. 구름 한 점 없는 하늘보다는 구름이 많이 낀 하늘이 알기에 더 좋다. 먹구름이 잔뜩 몰려 있는 하늘일수록 더 분명하다.

시점은 태양이 구름에 가려져 뒤에 숨었을 때가 적절하다. 이때 찬찬히 구름을 살펴서 태양이 어디쯤 있을지 가늠해 보라. 당신의 시선을 구름의 끄트머리 즉, 테두리에 겨누면 은빛으로 가장 빛나는 지점이 눈에 들어올 것이다.

이때 당신은 지금은 보이지 않지만 바로 그 '은빛 테두리' 뒤에 태양이 있다는 것을 알게 될 것이다. 그리고 시간이 조금 지나면 그 구름 뒤에서 눈부신 태양이 다시 모습을 나타내는 것을 보게 될 것이다.

태양은 어디로 달아난 적이 없었다. 제자리에 탈 없이 그대로 있었다. 잠시 구름에 가려져 있었을 뿐이다. 당신이 좀더 헤아릴 줄 안다면 오로지 당신 관점에서만 태양이 가려져 있었을 뿐이란 것을 알아차릴 것이다.

태양의 위치에는 까마득히 저 아래 지구에 약간의 구름이 깔려 있을 뿐 태양 자체는 한순간도 빠짐없이 잘 비추고 있었다. 당신과 나에겐 낮과 밤이 있지만 태양에게 밤은 없다.

🌿

센스 있는 당신은 내가 무엇을 이야기하려는지 이제 알아차리고 있을 것이다.

지금부터 약 40년 전 나는 상당수의 당신들처럼 불안한 취준생이었다. 장래를 생각할 때마다 생각할수록 더 막막하고 암울했다. 그럴 때마다 내 마음에도 구름이 잔뜩 끼었다. 답답하고 꿀꿀한 가슴은 이만저만이 아니었다.

그러나 훗날 깨닫고 보니 그 구름들은 시간이 지나

면 분명히 거두어질 것이었다. 때가 되면 틀림없이 태양이 나타나게 될 것이었다. 어쩌면 구름들은 태양을 더 뚜렷이 인식시키기 위한 장치들이었다. 가려져야 나타남이 더 명백해질 것이었다. 어둠이 있어야 밝음을 알게 될 것이었다.

그리고 또 한 가지 분명하게 체험한 사실은 모든 상황은 때에 따라 반드시 달라지고 변한다는 것이었다. 제자리에 말뚝 박힌 상황이란 것은 결코 없었다.

청년 시절 이후 지나간 40년 동안 나의 삶과 인생은 섬진강처럼 이리저리 구불구불 돌아 흘러서 여기까지 왔다. 지리산까지 흘러왔다.

나는 수많은 능선을 넘고 넘어 지리산을 하염없이 종주하다가 힘겨운 과정 끝에 마침내 천왕봉에 다다랐을 때 문득 깨달았다. 당신에게 방금 얘기했던 구름 뒤의 태양처럼 천왕봉도 언제나 그 자리에 잘 있었다.

그 봉우리는 한 번도 사람들을 포기한 적이 없었다.

사람들이 포기한 것이었다. 포기하지 않은 사람들은 봉우리를 만날 수 있었다.

인적도 없는 지리산 깊은 골짜기 어느 바위틈에서 숨은 듯 드러낸 듯 피어난 한 떨기 분홍빛 진달래를 만나는 것은 지리산의 첫봄을 만나는 것이다.

그 가녀린 한 송이 진달래는 그 높은 산 깊은 곳에서 저 혼자 모진 겨울을 견뎌 낸 것이다. 그 작디작은 몸 뚱이가 꽁꽁 얼었던 땅을 비집고 거센 눈보라와 비바람을 이겨낸 것이다.

젊은 당신은 그 진달래의 꽃망울이다. 풍상을 겪지 않고 피어난 꽃은 없다. 누구의 삶에도 바람은 분다. 당신 앞에 먹구름이 보일 때에는 그 뒤에 태양이 여전히 함께 있다는 것을 '실버 에지'는 암시하고 있다.

운명을 믿는 순간

저기 논 끝나는 곳에 둑이 보이지?

둑 너머 바로 아래가 섬진강이야.

저 둑길에 올라서면

감쪽같이 숨겨진 보석 같은 장소가 하나 있지.

이곳 강변 풍경을 정말 멋지게 완성하는 곳이야.

자! 보이지?

바로 저곳이야. 저 정자 말일세.

정자에서 손에 닿을 듯 흐르는 강물을 보게.

섬진강이야.

여기가 자네들한테 오늘 보여주고 싶은 곳이지.

저 계단으로 정자에 내려가 보세.

다 왔네! 모두들 정자 마루턱에 걸터앉거나

드러누워 봐.

정말 고즈넉하고 시원하지?

여기서 낮잠을 청하거나 책을 읽거나

두런두런 술 한잔 나누면 제격이지.

서까래 밑에 걸어놓은 편액 글씨 보이지?

저게 바로 이 정자 이름이야. 봉-소-정.

봉황새 '봉'에 보금자리 '소'.

봉황새가 보금자리를 꾸몄으니 특별한 곳이지.

나무 뒤로 강물을 보게. 손에 닿을 것 같지 않나?
저 강물에는 수달이 살고 있어.
이곳 터줏대감이지.

여기 정자에서 은빛 비늘처럼 반짝이며 흐르는
저 강물을 보고 있노라면,
끊임없이 흐르는 강물 따라
나도 함께 흘러가는 느낌이 들곤 하지.

결국 인생이란 강물처럼
쉼 없이 흘러갈 뿐이라는 생각이 들어.
말뚝 박히듯 고정되어 있지 않다는 …
그런 생각 말이야.

자네들은 '운명'이라는 것을

어떻게 받아들이고 있나?

삶의 흐름을 바꾸거나 아니면

반대로 고정시키는 것이라고

여겨지는 '운명' 말일세.

운명이란 것을

어떻게 바라보고 해석하느냐,

그 관점과 해석이 자기 운명에

커다란 영향을 미치게 되겠지.

🍂

운명을 믿는 순간부터 운명의 노예가 된다. 운명은 당
신을 노예로 삼기 위해 당신에게 나타났다. 그것이 운
명의 역할이다.

운명은 운명을 믿는 사람을 지배하기 시작한다. 당신의 인생길이 당신 마음과 상관없이 미리 정해져 있다면 당신은 당신 삶에서 변화와 의미를 찾는 일도 동시에 중단해야 할 것이다. 그게 훨씬 논리적일 것이다. 이미 정해졌는데 달리 무엇을 하랴!

운명을 믿는 사람은 삶에 지속적인 '고정 상태'가 있다고 착각하는 사람이다. 하지만 삶에 고정 상태란 없다. 삶의 작동법은 한마디로 '변화무쌍'이다. 당신을 둘러싼 어떤 상황이란 언젠가는 반드시 끝나게 되어 있다. 항상 또 다른 상황을 맞이하게 되어 있다.

그 이유는 지극히 단순하다. 바로 당신의 '마음'이 변화무쌍하기에 그렇다. 인생은 몸뚱이로 사는 것이 아니라 마음으로 사는 것이기에 그렇다. 몸은 자동차고 마음은 운전자다. 좋든 나쁘든 잘나가든 못나가든 당신의 최종 상황은 당신 마음이 결정한다.

삶의 결과는 바깥의 '조건'이 아니라 내면의 '마음 상태'가 만드는 것이다. 행복도 비극도 자기의 마음 밭에 자기 스스로 뿌린 씨앗의 열매다.

그 생생한 사례가 여기 있다. 부유하고 넉넉한 사람들 다시 말해 삶의 '조건'들이 잘 갖춰진 사람들 중에서 그 좋은 궤도를 이탈해 삶이 180도 크게 바뀌어 버린 사람들이 종종 눈에 띈다.

이제 내가 당신에게 들려줄 이야기의 주인공들은 자기를 둘러싼 좋은 조건이 마치 '상팔자 운명'인 줄 착각했다. 하지만 이들의 그 좋은 조건을 하루아침에 악화시킨 것은 그 자신의 마음 상태였다.

강남 부자 A는 부모님이 큰 부자였다. 그의 삶에서 아쉬운 조건이란 없었다. 그는 어른이 되도록 장애물을 만난 적이 없었다. 그는 이미 오래전부터 장애물 없는 자기 삶이 계속 평탄할 것이라고 믿었다. 그는 자기 자신이 잘 포장된 아스팔트 위를 덜컹거리지 않고 미끄러지듯 달리도록 운명 지어졌다고 여기는 듯했다.

성장하는 동안 장애물을 겪어 보지 못한 그는 삶이란 것이 종국적으로는 '홀로서기'에 바탕을 두어야 제대로 굴러간다는 것을 미처 깨달을 기회가 없었다. 그것은 그에게 불행을 암시했다. 그러나 그는 그 암시조차도 알지 못했다.

어느 날 그의 부모님이 차례로 세상을 떴다. 마음을 기댔던 그의 동생마저 먼저 떠났다. 이제 그는 기댈 사람이 없었다. 그가 뜻밖에 맞이한 상황은 마치 집이란 것을 전혀 의식하지 못하고 안락하게 살다가 갑자기 태풍에 지붕이 날아가 버리고 벽이 무너져 내린 형국과 같았다.

지붕과 벽이 없어지고 나니 지붕과 벽이 너무나 소중한 보호막이었다는 것을 뒤늦게 알게 되었다. 그는 갑자기 외톨이가 되었다는 서글픔과 갑자기 혼자 절벽 앞에 놓인 듯한 두려움에 사로잡혔다. 그는 크게 구멍 난 가슴을 어찌할 바 모른 채 술로 채우기 시작했다.

물려받은 재산이 많았던 그는 돈벌이에 신경 쓸 필요가 없었다. 있는 돈도 다 못 쓰고 갈 판이었다. 외로워진 그의 삶에서 더욱 불행하게도 스스로 직접 흘리는 '땀'은 없었다. 그는 '땀'을 제 스스로 흘려야 삶이 탄탄해진다는 이치를 알지 못했다.

그가 가진 큰 재산은 그를 행복한 쪽으로든 불행한 쪽으로든 얼마든지 힘껏 등 떠밀어 줄 태세가 되어 있었다. 그러나 그는 불행한 쪽으로 기울었다. 술로 허구한 날 지새우던 그는 끝내 알코올 중독자가 되었다. 이렇게 10년 이상이 흘러갔다. 이 이야기는 이쯤에서 멈추는 게 좋을 듯하다.

경기도 어느 곳의 땅 부자 B는 하루하루가 거침없었다. 그를 만나는 사람들은 곁불이라도 쪼이고 싶은 심사가 되어 싫든 좋든 고개를 숙였다. 그는 자기가 귀족처럼 호강을 누리는 운명을 타고난 것이라고 믿었다.

하지만 그는 어려운 사람들을 살피는 일에는 무척
어두웠다. 쪼들리는 사람들은 쪼들리는 운명을 타고
난 것이려니 생각했다. 어느 날 그에게 동생이 찾아왔
다. 동생은 그에게 돈을 요구했다. 그는 공짜로 돈을
얻으려는 것처럼 달려드는 동생이 마뜩치 않았다. 그
래서 단호하게 거절했다.

그 직후 동생은 형을 찾아가 난데없이 방아쇠를 당
겼다. 형은 비극적으로 생을 마감했다.

✿

사람들은 운명이란 것을 '타고난 것' 또는 '필연적인 힘'
인 것처럼 받아들이는 경향이 있다. 특히 운명의 조건
들이 한번 결정지어지면 그 상태가 그 후로 오랫동안
쭉 지속되는 것이라고 믿어 버린다. 이른바 운명을 '말
뚝박기'하는 것이다.

젊은 당신, 특히 조건이 그다지 좋지 못한 당신은 운명론자가 되는 유혹을 가차 없이 떨쳐 버릴수록 당신에게 보탬이 될 것이다.

삶의 조건에 관한 한 어릴 적부터 청년 시절까지 줄곧 거의 밑바닥처럼 열악한 과정을 겪어야 했던 나는 적어도 내 운명이 고정된 것은 아닐 거라는 믿음과 희망 속에 살았다. 나를 둘러싼 얄궂은 상황들은 언젠가 반드시 바뀔 것이라고 굳게 믿었다. 그 시절 나를 둘러싼 탐탁하지 않았던 조건들을 그야말로 운명처럼 받아들이기 거부했던 나의 저항은 나에게 큰 원동력이자 견인차가 되었다.

이제 어느 정도 나이가 들어가는 나는, 나와 젊은 시절이 비슷하게 닮은 당신에게 운명이란 것에 대해 이야기를 들려주고 있다.

내가 체험하기로 운명은 정해져 있는 게 아니다. 운명이란 '변화무쌍'의 다른 이름에 불과하다. 동전의 양면 중에서 윗면만 보면서 속아 넘어가지 말라.

터널 속에 있으면서 터널 안을 들여다보면 어두울 수밖에 없다. 그러나 터널이 끝나서 터널 밖에 나오면 터널에 대해 더 입체적으로 알 수 있다. 터널의 진실 중 하나는 '반드시 끝나게 되어 있다'는 것이다.

나로서 운명을 설명한다면 운명의 진실은 '지금 바로 여기'다. 운명은 'Now'와 'Here'의 교집합이자 미적분이다. 다시 말해 지금 당신이 놓인 여기에서 당신의 마음과 생각이 오고가는 시간과 공간이 교차해 쌓인 것이 바로 당신의 운명이다.

지금 당신의 생각이 잠시 후 당신의 운명이다. 지금 당신이 괴롭다는 생각을 가지면 잠시 후 당신은 괴로워진다. 모든 초점을 괴로운 쪽에 맞춘다. 다이얼을 그쪽으로만 돌리는 것이다.

운명은 당신이 운명적이라는 생각을 벗어나는 순간 종전까지의 가면을 벗고 당신에게 진실한 모습으로 다가서기 시작한다. 운명의 진실한 모습은 그것이 당신의 선택이라는 점이다. 운명은 당신이 고르는 당신의 몫이다. 당신이 운명의 원인이자 결과다.

운명은 언제나 당신에게 두 장의 카드를 내민다. 묶일 것이냐 벗어날 것이냐.

삶이 바뀌는 교차로

힘들다는 것의 정체

오늘이 말복이구먼.

마지막 더위는

동시에 선선함의 시작을 의미하는 것 아니겠나.

옛사람들이 천지 운행에 따른 날씨 변화를

몸으로 직접 겪으면서 만들어 놓은

절기라는 것은 참 신통하게 맞아떨어지는 것 같아.

며칠 전 입추에 들어서니 더위란 놈이

말복으로 마지막 안간힘을 쓰다가

끝내 버티지 못하고 결국 물러나는군.

모든 건 끝이 있기 마련이야.

극성스럽다는 것은

그 상황이 끝자락에 와 있다는 뜻이기도 하지.

여보게! 지금 불어오는 바람 느껴져?

후텁지근하게 숨 막힐 것 같았던

그런 바람이 이젠 아니란 걸 알겠지.

이 바람 속에 가을이 슬며시 동승해 있다는 걸

자네도 감지해 보게.

이 바람이 곧 온 천지 구석구석을 다니면서

새 가을을 만들어 내게 될 걸세.

삶이 바뀌는 교차로

올 여름엔 자네도 무척 힘들었지?

가뜩이나 생활도 버거운데

웬 폭염경보가 그리 많았던지.

날마다 치근덕거리는 더위가 나도 힘들더군.

그러고 보면 산다는 건

날마다 힘든 일들의 연속 같아.

그렇지만 세상에

힘 안 들이고 사는 사람 있겠나.

돈 많은 사람들도 아마 돈이 많아서

힘든 일도 있을 거야.

힘들다는 것은 무엇일까?

자네는 힘들다는 것에 대해

골똘히 생각해 본 적 있나?

이리 와서 여기 나무 그늘 밑에 앉아 보게.

오늘은 자네와 그 얘기를 좀 나눠 보려고.

🍃

당신은 힘들다. 거의 매일 힘들다. 그런데 당신이 힘든 이유를 곰곰이 파헤쳐 들어가면 당신을 힘들게 하는 것들의 정체가 모습을 드러낸다.

당신이 힘든 1차적인 이유는 당신을 둘러싼 환경, 즉 사람들 그리고 일어나는 일들이다. 그러나 한 꺼풀 더 벗겨 들어가면 그것은 '관계'다. 당신이 힘든 것들과의 '관계'에 빠져서 여전히 관계를 지속하고 있기 때문이다.

여기서 당신은 최종적인 해부를 해 볼 필요가 있다. 당신이 힘든 것들과의 관계에 시달리는 까닭은, 본질적으로는 바로 당신 안에 '관계의 내통자'가 있기 때문이다. 바로 그 내통자가 문제다. 그 내통자의 정체는 바로 당신의 생각, 느낌, 감정이다. 힘든 것들이 다가왔을 때 당신의 생각, 느낌, 감정이 대문을 활짝 열어 그것들을 환영하고 맞이했다.

실제로 '힘든 것'이 다가온 게 아니라, 그냥 '어떤 일'이 다가온 것일 뿐인데 거기에다가 당신의 생각, 느낌, 감정으로 '힘들다'는 포장을 직접 한 것이다. 포장하는 것은 언제나 바깥이 아니라 당신 자신이다. 이를테면 당신이 주범이다.

여기서 당신의 이해를 돕기 위해 당신 바로 옆에 함께 있는 '넉살스러운 친구'나 '맷집 좋은 친구' 또는 '스펀지 같은 친구' 그리고 인생 고참들이 쓰는 표현으로 '삶은 호박 같은 친구'를 당신 앞에 등장시켜 보겠다.

그 친구는 당신하고 똑같은 일을 겪었으면서도 반응에 있어서는 당신하고 많이 다르다. 그 친구는 허허 웃고 넘어가거나, 씩 웃거나, 훌훌 털어 버린다. 그 친구에게는 무슨 일이 일어난 것일까?

그 친구는 삶은 호박 같아서 바깥에서 누가 바늘 같은 것으로 콕콕 찔러도 마냥 푹푹 들어간다. 그 친구는 넉살이 좋아서 자기에게 일어난 일을 〈개그 콘서트〉처럼 유머로 만든다.

한마디로 그 친구는 바깥에서 다가온 일들에 대해 섣불리, 쉽사리 '관계'를 맺지 않는다. 그 친구는 '관계'에 잘 빠지지 않는다. 마음에 부정적인 씨앗이 싹틀 겨를을 주지 않고 그것을 털어 버린다. 부정적인 옷을 입히지 않고 긍정으로 방패를 세운다. 그리고 자기의 생각, 느낌, 감정을 바깥일과의 '관계'에 접속시키지 않는다.

당신에게 일어난 그냥 '어떤 일'에 대해 당신 스스로 두 손을 치켜들며 환영하지 말라. 그것이 당신의 대문을 넘어서기 전에 '너는 여기까지!'라고 단호하게 선을 그으라. 당신은 문전박대라는 말을 알 것이다. 그렇게 하라.

당신에게 앞으로 또 '힘든 일'로 여겨지는 것들이 다가설 때 당신의 부정적인 생각, 느낌, 감정으로 접속하는 플러그를 뽑아 버려라.

당신 바깥에서 무엇인가 당신에게 다가설 때 당신이 툭하면 꺼내드는 프리즘을 버려라. 백색 광선을 당신의 프리즘이 빨주노초파남보 색깔로 바꾼다. 그것은 원래 백색 광선이었다. 당신의 부정적인 마음을 통과하면서 색깔이 바뀌었다.

당신 바깥의 것이 당신 안에 들어와 마음을 온통 휘저으면서 분탕질치지 않도록 하는 게 당신에게 바람직할 것이다. 문제는 당신이 가진 여과 장치다. 당신의 소화 능력에 달려 있다.

내가 당신에게 새로 가르쳐 준 주문인 '너는 여기까지!'를 되풀이해서 연습해 보라. 정말로 그렇게 될 것이다. 당신도 점차 넉살이 좋아질 것이다. 당신 맷집도 점점 튼튼해질 것이다.

이것은 아주 쉬운 다른 말로 하면, 당신이 '씩씩하고 굳세어지는' 것을 의미한다. 힘들다고 쉽게 꺾이는 사람들은 점점 더 힘들어질 뿐이다. 당신이 힘들다고 할수록 그것은 점점 더 당신의 운명으로 정착한다. 왜냐하면 바로 지금 당신의 상태가 잠시 후의 당신 미래이기 때문이다.

넉살이 좋고 맷집이 튼튼하고 스펀지 같은 사람은 바깥에서 다가오는 얄궂은 상황을 오히려 '당의정'이나 '영양소'로 전환시킨다. 그런 사람은 훌륭한 신진대사 능력을 가졌다. 파도가 거칠수록 그는 점점 더 멋진 뱃사람이 되어 간다.

똑같은 물을 마셨는데 뱀은 독을 만들고 소는 우유를 만든다. 힘든 날들, 힘든 시간들은 '벽'이 아니다. 그것은 오히려 '문'이다. 당신이 벽 앞에서 문을 찾는 데 도움을 주는 것은 당신의 마음, 당신의 지혜다. 당신 자신을 믿어라. 당신 마음을 바라보라.

당신 안에 장애물이 있는가 하면 열쇠도 함께 들어 있다. 꽁꽁 얼어붙은 얼음도 사실은 물이다. 본질을 잘 파악하라.

지난 뒤에 알게 되는 청춘

오늘은 어디 가냐고?

따라와 보게.

자, 여기일세.

자네 살면서 이렇게 큰 도깨비 본 적 있나?

이곳은 옛날부터

도깨비 전설이 전해 내려오는 곳이야.

어느 장군이 어머니 병구완을 하느라

도깨비 대장을 잡아들였다는군.

바로 앞 섬진강에서
어머니 병든 몸에 좋다는 물고기들을 잡아 주면
대장 도깨비를 풀어 주겠다고
부하 도깨비들을 구슬려 써먹었대.

그건 그렇다 치고.
여기 벤치에 앉아 봐.

자네 코앞의 강물을 한번 바라보게.
흐르는 듯 멈춘 듯
감각이 무디어지는 것 같지 않아?

자네가 지금 본 강물은
이따 우리가 소풍을 마칠 무렵엔

아마 하동과 광양을 지나

바다로 흘러들어 가겠지.

강물은 느린 듯해도 사실은 빨라.

한순간도 멈추지 않고 쉼 없이 흐르니까.

여보게!

자네가 가진 보물 중에 제일 값진 게 뭔지 아나?

정작 자네는 잘 모르겠지?

그 보물은 값지기는 한데

강물처럼 흘러가는 보물이지.

언제까지나 자네한테 머무는 게 아니란 말일세.

자네는 온 세상 나이 든 사람들이

사실은 자네의 보물을

무척 다시 갖고 싶어 한다는 걸 모르지?

자네가 가진 보물은 바로 '청춘'일세.
그런데 청춘은 투명한 조끼 같아.

자기가 걸쳐 입고 있으면서도 잘 몰라.
대개의 청춘들에게 청춘은
그런 식으로 지나가지.

방금 전에 자네가 본 강물이
벌써 저기 멀리 흘러가 버린 것처럼
청춘도 그렇게 흘러간다네.

청춘은 청춘일 때에는 잘 모르다가
흘러간 뒤에 비로소 알게 되지.

젊은 당신에게 청춘 이야기를 들려주면서 당신이 못 보았을 것 같은 영화 한 편을 소개한다.

〈박하사탕〉이다. 주인공은 배우 설경구다. 이 영화 마지막 장면에서 주인공은 달려오는 기차 앞에서 외마디 고함을 지른다.

"나 다시 돌아갈래!"

그가 처절하게 악 쓰면서 돌아가고 싶은 곳은 바로 되돌릴 수 없는 '청춘'이었다. 그는 구겨져 버린 자기의 청춘이 이제 다시는 돌아올 수 없다는 것을 뼈저리게 깨달았기에 마구 울부짖었다. 그러나 청춘은 아무런 대답이 없었다.

괜찮았던 청춘도, 얄궂었던 청춘도 그 마지막 뒷모습은 이젠 '지나가고 없다'는 것이다. 청춘이 지나가 버린 사람들에게 청춘이 남긴 것은 기억과 추억이라는 과거의 흔적뿐이다.

삶이 바뀌는 교차로

지나간 청춘은 어떤 사람들에게는 상처다. 또 어떤 사람들에게는 낭만이다. 하지만 청춘은 상처로 남았든 낭만으로 새겨졌든 밤사이 다 타서 녹아 버린 촛불이다. 청춘은 한 줄기 시원한 바람이었다. 하지만 그 바람은 한순간 불었다가 사라지고 없다. 청춘이 끝난 사람들에게 청춘이란 그렇다.

청춘은 또한 청춘을 마감한 사람의 현재다. 그 사람의 지금 속에 청춘이 녹아 스며 있다. 그 사람이 청춘을 어떻게 보냈는지가 지금 그 사람의 모습에 섞여 있다. 청춘의 대장간에서 그 사람이 만들었던 모양대로 빚어져 있다. 청춘은 훗날 그 사람의 모습을 만든다. 만들면서 사라진다.

젊은 당신은 청춘이다. 청춘을 통과 중이다. 하지만 젊은 당신에게 누가 깍듯하게 일러주기 전에 당신은 당신이 청춘이란 것을 잘 깨닫지 못하기 일쑤다. 왜냐하면 청춘은 다음 날 아침 눈을 뜨면 또 다시 지천으로 널려 있는 수많은 푸른 잎사귀들과 같기 때문이다. 그 푸른 잎사귀들은 셀 수 없을 만큼 수두룩하게 많다. 온종일 따도 몇 날 며칠을 따도 끝이 없어 보인다. 하지만 때가 되면 잎사귀에 일제히 단풍이 들고 마침내 잎사귀들은 떨어진다. 푸름이 때를 다한 것이다.

그렇지만 청춘은 엎어뜨려도 메쳐도 거꾸로 매달아도 그동안에는 그 누가 뭐라 해도 청춘이다. 청춘에게는 아무리 허름한 옷을 입혀 놓아도 싱그러움을 앗아갈 수 없다. 청춘의 싱그러움은 지구 모든 곳에서 공평하다.

밤늦은 편의점 카운터나 고시원 쪽방이나 막내 혼자 남은 사무실이나 아니면 청담동 고급 카페나 멀리 태평양 건너 지구 반대편 쿠바의 아바나 시 거리의 바나나 좌판에서나 상관없이 청춘은 본질적으로 활달한 모습을 자랑으로 내세울 만하다. 젊은 당신이 그 어떤 경우에 해당하더라도 당신은 청춘이다.

그럼에도 불구하고 당신의 몸뚱이만 푸르고 마음이 푸르지 않다면 당신은 '겉만 푸른' 청춘이다. 겉만 푸르다면, 젊은 당신의 속이 싱그럽게 푸르지 않다면 당신의 청춘은 고장난 것이다.

내 말은 떠들썩하고 들뜨고 요란하고 튀어야만 청춘이란 뜻이 아니다. 남 보기에 조용한 청춘도 얼마든지 있다. 밤하늘을 바라보는 청춘은 시끄러울 필요가 없을 것이다.

청춘의 마음이 싱그럽고 푸르다는 것은 '얼마든지 여러 번 죽을 수 있고 얼마든지 여러 번 되살아날 수 있는' 그런 재생 에너지가 충만하다는 것을 의미한다. 여기서 '죽을 수' 있다는 내 표현의 참뜻은 목숨이 죽는다는 얘기가 아니다. 어떤 상황을 맞이해 마음이 꺾이는 경우를 말한다.

하지만 그보다도 내 얘기의 무게 중심은 '되살아난다'는 데에 있다. 마음이 되살아나지 못하면 그 상황에 결국 무릎을 꿇고 마는 것이지만 되살아나면 일시적 꺾임은 무의미한 게 아니다. 되살아난 마음은 더욱 단단해지고 커진다.

젊은 당신이 청춘을 마음껏 누리고 싶다면 당신 주머니의 돈을 세어 볼 것이 아니라 가장 먼저 당신 마음속 재생 에너지의 충전 상태를 확인하는 게 제대로 된 순서일 것이다.

청춘인 당신은 사실상 무한 재생 에너지를 갖고 있다. 그것은 삶이 당신에게 부여한 특권이다. 당신이 비록 삶에 시달리더라도 끊임없이 재탄생할 수 있다는 점을 잊지 않는다면 당신은 언젠가 되살아날 것이다.

나는 청춘의 현재 진행형인 당신이 혹시 자각하지 못할까 봐 '당신은 진행형이며 진화 중'이라고 분명히 일러 주었다. 당신이 미처 깨닫지 못한 무한한 잠재력과 가능성을 내 나름대로 들려주었다.

당신이 청춘의 롤러코스터를 타고 있다는 사실과 청

춘의 의미를 마음에 잘 새겼다면 이제 덧붙일 군더더기는 없다. 아니, 군더더기가 아닌 것으로 하나 더 남아 있다. 2015년 8월 15일은 마침 광복 70주년이 되는 날이었다. 1909년 만주 땅 하얼빈에서 일본의 거물 이토 히로부미를 저격해 쓰러뜨린 안중근 의사는 당시 나이 29살의 청년이었다. 젊은 당신 또래였다. 그런 안중근 의사가 청춘들을 향해 뜻 깊은 한마디를 남겼다.

"세월을 헛되이 보내지 말라. 청춘은 다시 오지 않는다."

젊은 당신도 자신을 광복해 보라. 당신 삶을 옭아매고 있는 것들에게 무릎 꿇지 말고 그것들을 저격하라.

행복이라는 것

인생이 행복하기만 하면
사는 게 재미없었을 것 같다.
불행하고 힘들기 때문에 인생이 재미있는 것이다.
어렵고 힘든 바둑 때문에 내 인생은 재미있다.
그래서 나는 바둑을 둔다.

- 바둑의 신 조치훈의 말 중에서

누구나 행복을 원한다. 이렇게 누구나 원하는 행복을

덮어 놓고 바라지 않는 조치훈은 역시 바둑의 신답다.

한 수 더 나아가 그는 "불행하고 힘들기 때문에 인생

이 재미있다"고 뒤집기에 들어간다. 보통 사람들의 관점을 훌쩍 뛰어넘는 그의 통찰은 역시 고수다운 면모를 보여준다. 당신은 당신이 불행하고 힘든 상황에서 오히려 사는 게 재미있다고 역발상을 해본 적 있는가?

나는 오래전 중남미 베네수엘라에 살던 지인과 이메일을 주고받다가 신선한 충격에 사로잡혔다. 멋있고 살기 좋은 나라로 알고 있는 베네수엘라에 살고 있으니 얼마나 행복하냐고 내가 묻자, 지인의 대답이 걸작이었다.

"지루한 천국이지요. 차라리 재미난 지옥이 더 나을지 모르겠소."

🌿

조치훈과 나의 지인 이 두 사람의 이야기에서 나는 행복에 관한 매우 짭짤한 힌트를 얻었다. 행복이란 역시 '조건'이 아니라 그 사람의 마음 상태에 좌우된다는 점이다. 그리고 마음 상태에 따라 심지어 불행과 힘든 일도 행복의 영역으로 흡수될 수 있다는 점이다.

행복을 거창한 것으로 여기는 사람에게 행복이 발견될 가능성은 상대적으로 낮다. 행복을 거창한 일로 받아들이는 사람일수록 행복을 '조건화'한다. 이를테면 '돈이 많으면 행복할 거야'라든가 '집을 마련하면', '출세하면', '폼 나는 자동차가 생기면' 행복할 거라고 생각한다.

이런 사람들의 행복 앞에는 습관적으로 '만약'이라는 '조건'이 따라다닌다. 행복이 '조건'이라면 거의 대부분의 사람들에게 행복은 유감스럽게도 이미 날 샜다. 조건 불충분으로 행복 대열에서 탈락하기 십상이기 때문이다.

당신은 젊을수록 행복을 더 많이 더 크게 갈구할지 모르겠다. 그리고 행복이란 것을 '아직 맛보지 못한 특별한 음식'이라도 되는 것처럼 마음속에 이미지로 새겨 놓고 입맛을 다실 수도 있을 것이다.

하지만 행복은 거시적인 사람보다는 미시적인 사람에게, 그리고 자꾸만 미래의 일에 신경 쓰는 사람보다는 '지금 여기'에 잘 놓이는 사람에게 발견될 확률이 훨씬 높다.

행복에 대해 거시적이고 미래지향적인 사람은 다른 무엇, 즉 조건이 이뤄져야, 때가 되어야 행복이 올 것이라고 믿지만 그들에게 행복은 가도 가도 나타나지 않는 일종의 '오메가 포인트'와 같다.

그들 앞 저 멀리 까마득한 곳에 지평선이 아른거리지만 실제로 지평선이란 존재하지 않는다. 수평선이란 것도 실제로는 없다. 가도 가도 그냥 물뿐이다.

그들이 각별히 참고해야 할 사례는 이른바 '불행한 부자'들이다. 돈이 많은데, 남부러울 것 없는 부자인데 불행한 사람들이 종종 눈에 띈다. 행복의 튼튼한 조건이라고 여겼던 돈을 충족시켰음에도 불구하고 왜 행복하지 않은 걸까? 그 반대의 경우도 있다. 이른바 '유쾌한 빈털터리'들이다. 이들은 빈털터리인데 삶이 유쾌하며 슬며시 행복한 미소를 짓는다.

이 두 가지 유형의 사람들은 행복이 '조건'이 아니라는 것을 생생하게 보여준다. 행복은 당신이 어떤 처지에 놓여 있더라도 당신의 바깥 환경과 관계없이 '지금 여기 이 자리'에서 즉각적으로 당신에게 올 수 있다.

행복의 특징은 'Now or Never'이다. 지금이 아니면 없다. 지금 바로 이 순간에 행복을 알아차리거나 느끼지 못한다면 행복하지 않은 것이다.

미국 켄터키 주에 있는 어느 대형 교회에 보기 드문 손님이 초대되었다. 그는 티베트의 수행자였다. 그가 사람들에게 행복과 천국에 대해 이야기를 들려주었다. 그는 이야기를 마치면서 이렇게 말했다.

"It's Now or Never지금이 아니면 오지 않는다!"

젊은 당신은 오늘 아침 눈을 떠서 많이 행복幸福하다.

젊은 당신은 지금 숨을 잘 쉬고 있어서 많이 행복♯♮하
다. 내가 젊은 당신을 보기에 그렇다. 나도 지금 당신
에게 이야기를 들려주기 위해 컴퓨터 자판을 잘 두드
리고 있어 많이 행복♯♮하다.

　행복은 시시콜콜한 곳에 숨어 있다. 아니 도처에 버
젓이 널려 있다.

당신만의 색깔을 찾아라

오늘도 멋진 곳 한 군데 보여줄까.

저것 보게! 아예 '경치 좋은 길'이라고 써 있군.

여기 코재 삼거리에서

약 십 리 길 강변 경치는 참 잔잔하게 아름다워.

내가 종종 혼자 소풍 오는 곳이지.

자동차 드라이브도 좋고,

젊은 자네는 배낭 메고 걸어도 아주 그만일 거야.

삶이 바뀌는 교차로

이 길을 가노라면 마음의 군더더기가
저절로 씻겨 떨어져 나간다네.

그렇게 마음이 비워질 때쯤이면
그 빈 마음을 가득 담은
무척 앙증맞고 고즈넉한 정자가
길손을 맞이한다네.

저기 나무숲 사이로 작은 기와지붕 슬쩍 보이지?
'함허정'이란 곳이야.

약 4백여 년 전 어느 선비가 세운 쉼터일세.
'함허'란 글자는
'빈자리에 몸과 마음을 담근다'는 뜻일 거야.
아니면 담그는 순간부터
몸과 마음이 비워진다는 뜻이기도 할 테고.

이리 와 보게!

여기 낮은 담장 너머 고목나무 바로 아래가

섬진강일세.

그 선비는 아마 이곳에서

마음을 백지처럼 만들어

거기에 다시 자기만의 색깔로

인생을 그리지 않았을까?

지리산에 가면 똑같은 나무, 똑같은 풀은 하나도 없

다. 똑같은 바위, 똑같은 돌도 없다. 똑같은 계곡도 없

다. 그 큰 산이 똑같지 않은 단 하나의 것들로 이루어

져 있다.

젊은 당신 또한 온 세상에 단 하나밖에 없는 존재다.

그 존재들이 만나면 세상이 된다. 본래 단 하나밖에 없

는 당신은 무엇과 똑같아지려고 애쓸 필요가 없다. 똑같아지려고 하는 순간 당신은 당신을 잃게 된다.

"점심시간 청계천에 쏟아져 나온 모두 똑같은 흰색 셔츠 차림의 샐러리맨들을 보는 순간, 그들 셔츠에 '각각의 색깔'을 칠해 주고 싶은 마음을 담은 작품이 바로 〈미생〉입니다."

젊은 당신에게 만화나 드라마로 폭발적인 주목을 받았던 〈미생〉의 작가 윤태호 씨가 세상을 바라보는 눈은 예사롭지 않았다. 그는 대부분의 사람들이 망각하고 살았던 '개인'과 '사회'의 의미를 새삼 일깨워 주었다. 그의 뛰어난 통찰력은 3백 명의 금배지들과 수많은 벼슬아치들이 감히 흉내 낼 수 없는 것이었다.

윤태호 씨가 그려낸 〈미생〉의 '장그래'는 바로 젊은 당신이다. '장그래'는 조직이라는 톱니바퀴의 작은 톱니였다. 그러나 '장그래'는 정신을 차리고 보니 엄연하고 고유한 인간이었다. 아직 걸음마는 서툴렀지만, 그는 '자기만의 색깔'을 잃지 않고 세상을 헤쳐 나가기로 마음먹었을 것이다.

젊은 당신은 취준생이거나 미생이다. 혹시 당신이 안정적인 신분을 얻었더라도 갈 길은 만만치 않을 것이다. 당신은 세상의 문턱을 들어서기도 전에, 또는 들어서자마자 당신을 재단하려 드는 획일적인 잣대에 놀아나기 시작할 가능성이 크다. 당신이 개성으로 여겨 왔던 들쭉날쭉한 부분들은 모난 돌이 정 맞듯이, 됫박 깎이듯이 잘라지고 깎여서 '틀' 속에 규격화될 것이다.

하지만 잊지 말라! 당신만의 심지를 잃지 말라! 당신은 세상 모든 것의 기초인 단 하나밖에 없는 '개인'이다. 개인의 삶을 업신여기거나 소홀히 팽개쳐 온 그릇된 집단 관념에 함몰되지 말라! 복사판 파시스트들에게 휘둘리지 말라! 그들이 생각하는 수준을 뛰어넘어라!

젊은 당신에게 나는 지금 어떤 다른 의도를 갖고 부추기는 게 아니다. 그냥 세상에 단 하나밖에 없는 소중한 당신이 당신 자신을 잃어버리고 당신만의 색깔을 잃어버리는 우를 범하지 않았으면 하는 바람에서 하는 말이다.

세상에서 가장 앞서간다는 나라들을 잘 살펴보기 바란다. 선진사회는 획일화된 사회가 아니다. 가장 다양한 색깔로 이루어진 아름다운 모자이크 공동체다.

과거에 집단적인 획일성으로 온 나라를 한 틀에 잡아넣는 것도 모자라 온 세계를 전쟁터로 만들었던 독일과 이탈리아는 큰 잘못을 깨닫고 '개인'을 가장 존중하는 사회로 탈바꿈했다. 이것이야말로 진실하고 진정성 있는 '징비록'의 완성이다.

젊은 당신에 대해 이른바 칼자루를 쥔 기업이나 정부 관계자들의 수준에 당분간 당신이 수준을 맞출 수밖에 없더라도, 그렇다고 해서 당신 안에 고유하게 잠재하고 있는 당신만의 색깔까지 퇴색시키지는 않는 게 당신 자신을 위해, 공동체를 위해 바람직할 것이다.

사람들 눈에 보이지는 않지만 내가 보기에 젊은 당신의 세상은 분명히 '진화'를 향해서 가고 있다. 젊은 당신이 당신만의 색깔을 잃게 된다면 당신의 인생은 진화를 멈출 것이다. 그렇게 되면 당신이 살아갈 공동체도 진화를 멈출 것이다.

젊은 당신의 진화는 세상의 진화이기도 하다. 진화는 끊임없이 허물을 벗어 버리고 탈바꿈하는 것이다.

세상에는 '장그래'도 있지만 '안그래'도 필요하다. '또그래'도 있어야 한다. 그럴 때 세상은 아름다워진다. 오케스트라 음악이 사라지지 않고 감동을 주는 까닭을 잘 헤아려 보라. 당신은 오케스트라의 일익을 담당한 고유한 음색의 악기다.

지리산에는 똑같은 모양, 똑같은 크기, 똑같은 색깔의 것들은 존재하지 않는다. 웅장한 산맥은 바로 그 고유한 것들로 이루어져 있다. 당신만의 색깔을 찾아라.

삶이 바뀌는 교차로

무엇이 되려는 강박관념

친구는 나를 근처 감자밭으로 데리고 갔다. 태어나서 처음 심어 본 감자라고 했다. 검은 비닐에 듬성듬성 뚫린 구멍으로 여리고 푸른 싹들이 돋아나 있었다. 그는 새싹이 자란 것이 뿌듯하고 신기한 듯 휴대전화 카메라를 연방 들이댔다.

밀짚모자를 쓰고 감자밭에 놓여 있는 그를 모르는 사람이 봤다면 여지없는 농부였을 것이다. 그는 한때 대통령선거 후보에까지 올랐던 인물이었다. 그런 그가 산골 감자밭에 있었다.

그 비구니 스님은 강 건너편 산자락 마을 외딴 집에 머물고 있었다. 유난히 하얗고 동글동글한 얼굴에 환한 미소를 머금은 표정은 무척 천진난만한 느낌을 주었다. 어느 절의 주지를 맡았었지만 모든 것을 다시 내려놓고 잠시 마음 가는 대로 쉴 작정이라고 했다.

그녀는 출가 전 속세에서 나처럼 기자 생활을 했노라고 말해 주었다. 내가 대문 뒤에 슬며시 밀어 놓고 온 책 《지리산이 나를 깨웠다》를 밑줄까지 쳐 가며 관심 있게 잘 읽었다고 했다. 그녀는 '해탈'이라는 이름의 덩치 큰 개 한 마리와 함께 살고 있었다. 그녀는 무척 맑아 보였다.

❧

젊은 당신은 세상에서 아직 '무엇'이 되었다고 얘기할 만한 나이는 아닐 것이다. 젊은 당신은 이제 세상에서 그 '무엇'이 되고자 나름대로 고민하고 노력하며 살아가고 있을 것이다.

그러나 '무엇'이 되려는 젊은 당신이 미리 알아 둔다면 보탬이 될 만한 게 있다. 당신이 되고자 하는 그 '무엇'은 훗날 이루어지더라도 다시 벗어야 하는 것이란 점이다. 그리고 그 노릇은 언젠가는 반드시 막을 내리게 되어 있다는 것이다. 젊은 사람으로서 당신이 이제 막 시작하려는 찰나에 당신의 김을 빼려고, 맥 빠지게 하려고 이런 이야기를 하는 게 아니다.

세상 사람들이 각자 되고자 하는 그 '무엇'은 반드시 끝나게 되어 있는 한시적인 것에 불과하다. 나의 경우 무려 33년 동안 방송인이었다. 하지만 나는 그런 나의 스토리를 마감하고 당신이 보는 것처럼 이렇게 지리산 자락에 놓여 있다.

이 세상 그 누구든 언젠가 막을 내리는 이야기의 주인공들이다. 연극배우는 무대에 오르기도 하지만 무대에서 결국은 내려와야 한다. 그렇다고 '무엇'이 되는 일이 무의미하다는 뜻은 아니다. '무엇'이 된다는 것은 그냥 삶의 과정이자 부분이라는 것이다.

당신은 '무엇'이 되고 난 이후에도, '무엇'을 마친 뒤에도 여전히 삶을 살아가야 한다. 오로지 당신에게 주어진 본질은 삶이다. 당신은 이 대목을 놓치지 말아야 한다.

따라서 당신은 당신이 되고자 하는 그 '무엇' 자체에 송두리째 빠져들 필요까지는 없다. '무엇'이 되는 일에 흠뻑 빠진 사람일수록 나중에는 매우 허탈해지기 십상이다. 왜냐하면 '무엇'이 되더라도 결국은 끝나는 이야기니까.

젊은 당신은 '김영삼'이라는 전직 대통령의 이름쯤은 들어 봤을 것이다. 나는 과거 취재기자 시절 그분을 가까이서 꽤 지켜볼 기회가 있었다. 그 양반은 여러 가지로 유명한 정치인이었지만 아이러니컬하게도 즉석연

설을 유창하거나 매끄럽게 하지 못하는 것으로도 유명
했다. 하지만 내 기억에는 그의 즉석연설 중 가장 인상
깊었던 말이 있다.

"산 정상에 오르기 위해서는 한 걸음 한 걸음씩 가야
합니다. 그러다가 정상에 오르고 나면 그 정상에서 다
시 내려와야 합니다. 올라갈 때보다 내려올 때 더 조심
해야 됩니다."

젊은 당신은 이 연설이 매우 싱겁다고 생각할지 모
르겠다. 하지만 김영삼 전 대통령은 과거 독재에 맞선
민주화 투쟁 시절 실제로 산에 자주 올랐다. 그는 산에
서 많은 것을 정리하고 생각했다.

"정상에 오르고 나면 그 정상에서 다시 내려와야 합
니다."

내가 젊은 당신에게 그의 연설 한 토막을 소개한 이
유가 있다. 그것은 바로 '무엇'이 되고난 이후에는 다
시 '무엇이 아닌' 상태로 이어진다는 것을 그가 매우 간

명하게 밝히고 있기 때문이다.

이 땅에서 가장 주목받는 '무엇'이 되었던 그는 이제 90이 가까운 나이 든 할아버지가 되어 파란만장했던 인생의 마감을 향하고 있다.

젊은 당신은 설령 세상 사람들이 추구하는 그 '무엇'이 되지 않더라도 낙담하거나 기죽을 필요가 없다. '무엇'이 되든지 되지 않든지 그것은 삶에 핵심적인 일이 아니다. 오히려 '무엇'이 되려는 것을 일찌감치 내려놓고 '나는 진정 누구이며, 무엇을 하기를 좋아하며, 어떤 삶을 살고 싶은가'를 스스로 깊이 질문하는 것이 당신 삶에 훨씬 보탬이 될 것이다.

'꿈을 크게 가져라', '야망을 품어라'라는 말들을 젊은 당신도 자주 들어 봤을 것이다. 하지만 나는 젊은 당신에게 감히 이렇게 말해 주고 싶다.

"꿈속에 살지 말고 꿈에서 깨어난 상태로 살아라."

"야망은 성취하고 난 뒤가 더 큰 문제로 남는다."

삶이 바뀌는 교차로

취업 준비로, 아니면 미생으로 고달픈 시간들을 보낼 젊은 당신에게 나는 조금 앞서 인생을 살아 온 선배로서 최대한 진실하게 내 이야기를 전하고 싶다.

"무엇이 되려는 강박관념을 벗어나라."

인생은 하루하루를 살아가는 미완성의 스토리다. 그 미완성의 스토리를 완성하느냐 마느냐는 당신의 내면 상태에 달려 있다. 당신 안에 화룡점정의 붓이 있다. '무엇'이 되는 일은 그다지 중요하지 않다.

원하는 것과 필요한 것

그는 유명 대기업의 잘나가는 임원이었다. 그는 그룹의 영향력 있는 최고경영자가 되기를 원했다. 그만큼 더욱 열심히 일했다. 그러다가 어느 날 갑자기 시력에 이상을 느껴 병원을 찾은 그에게 청천벽력 같은 진단이 내려졌다. 각막이 분리되어 자칫하면 완전히 눈이 멀게 될 수도 있다는 것이었다.

의사는 그에게 직장을 그만둘 것을 권유했다. 그는 여러 날 고민 끝에 직장을 그만두고 전원생활을 하기로 작정했다. 마침내 그는 서울에서 멀지 않은 산골에 거처를 마련해 이사했다.

그 후 십 년이 훨씬 지난 이즈음, 그는 다행히도 일상생활에는 별 지장 없이 잘 지내고 있다. 승승장구하던 그의 출세를 가로막았던 시력 악화가 오히려 그의 삶을 바꾸어 놓았다. 그는 이전까지는 세상에서 존재감을 얻기 위해, 야망을 실현하기 위해 많은 것들을 원하며 추구했다.

그토록 원했던 것들을 버리고 오직 필요한 것을 과감히 선택한 그는 지금의 삶에 매우 만족한다고 말했다. 정작 그의 삶에 필요한 것은 휴식과 안정이었다. 평화였다.

❦

후배 K는 서울 강남에서 상당히 유명한 인터넷 영어 강사였다. 명문 S대를 졸업한 그는 명석한 두뇌에 힘입어 20년 동안 줄곧 강사 일에 매진하면서 꽤 명성을 쌓았고 돈도 벌었다. 그러던 어느 날 그에게서 뜻밖의 카톡이 날아들었다.

"형님, 사실은 제가 금년 초부터 현재까지 반 년째 해외 배낭여행 중입니다. 곧 귀국할 일이 있으니 한번 뵈었으면 합니다. 자세한 것은 들어가서 말씀드리겠습니다."

서울 어느 커피숍에서 만난 그는 자신의 상황이 급변한 것에 대해 자초지종을 털어놓았다.

"그동안 열심히 노력한 덕분에 제 몸값이 높아져서, 아니나 다를까 또 여기저기서 계약하자고 다가오더라고요. 하지만 제 마음 한구석이 왠지 허탈한 것을 떨쳐 버릴 수 없었어요. '도대체 내가 무엇을 위해 살지'라는 생각이 불쑥 들었습니다. 그러다가 배낭여행을 결심한 겁니다."

그는 오랜 세월 자기 자신을 혹사하고 소모해 왔다는 것을 깨달았다. 그래서 그는 일단 1년 동안 해외 배

삶이 바뀌는 교차로

낭여행을 하면서 자신의 삶에 대해 재정리하기로 했다. 요즘 그는 과거의 지친 모습이 아닌 활기차고 밝은 얼굴로 바뀌었다.

그에게 정작 필요한 것은 돈과 명예가 아니라 삶의 '의미와 방향 찾기'였다. 돈과 명예는 그가 원했던 것이기는 하지만 그를 만족시키지는 못했다. 마침내 그는 자기 자신을 되찾는 일에 나섰다. 그에게는 세상이 덕지덕지 붙여 놓은 묵은 때를 벗기는 일이 '필요'했다.

❧

대부분의 사람들이 '원하는 것'의 리스트는 길다. 그러나 사람들은 자기가 '원하는 것'과 정작 자기에게 '필요한 것'을 잘 구분 짓지 못한다. 아니 자기 자신에게 '필요한 것'에 대해서는 제대로 알지 못한다. 자기 자신을 조용히 살펴볼 기회조차 없이 질주하기 때문이다.

30년 넘도록 방송 일에 몸담았던 내 삶도 외견상 일

종의 질주였다. 내 일상생활의 엔진은 언제나 과열 상태였다. 하지만 감사하게도, 다행스럽게도 나에게는 자기 의문이 일찍 찾아왔다.

'내가 지금 이런 방식으로 인생을 살아가는 게 맞나? 내 인생의 주인공인 나 자신에 대해 나는 얼마만큼 알고 있는 것일까?'

이 자기 의문 앞에서 나는 30대 후반 무렵부터 혼자 배낭을 메고 수없이 지리산을 찾았다. 산에서 내가 한 일은 나 자신을 내버려 두는 것이었다. 가만히 내버려진 나는 점차 스스로 내면을 정리하기 시작했다. 나는 내 삶의 속도와 방향을 재조정하게 되었다. 나는 그것이 나에게 가장 '필요한 것'이라는 사실을 깨우치게 되었다. 이윽고 나는 내 삶의 의미에 대해서도 눈을 뜨게 되었다.

아직 인생의 출발점 근처를 서성이고 있는 젊은 당신은 불안한 당신의 미래를 좀더 확실한 것으로 만들기 위해 '원하고 바라는 것'들이 있을 것이다. 하지만 당신은 원하고 바라는 '그자'가 누구인지, 다시 말해 자기 자신이 어떤 사람인지에 대해 잘 알고 있는지?

당신은 이 첫 실마리를 제대로 풀어야만 당신에게 정작 '필요한 것'이 무엇인지에 대해서도 윤곽을 잡게 될 것이다. '원하는 것'이 아닌 '필요한 것'을 잘 알아야만 당신의 기초와 기반이 튼튼해질 것이다.

당신에게 '필요한 것'이 무엇인지를 모른 채 '원하는 것'에만 달려든다면 당신이 짓는 집은 허술하고 위태로워진다. 당신이 '원하는 것'을 훗날 이루더라도 정작 '필요한 것'을 모르고 살았다면 언젠가 후회하게 될 것이다. 삶에 구멍이 생긴 것이다.

사회적으로 엄청나게 높이 솟아올랐던 사람들 중에

어느 날 가차 없이 추락하는 사람들을 당신은 뉴스에서 종종 보았을 것이다. 그 사람들은 자기 자신에게 '필요한 것'을 망각한 사람들이다. '원하는 것'에만 함몰되었던 사람들이다.

젊은 당신은 '원하는 것'을 찾기 전에 먼저 당신에게 '필요한 것'이 무엇인지 그리고 한 걸음 더 나아가 '필요 없는 것'이 무엇인지를 스스로 파악할 필요가 있다. 그것이 자기 자신을 잘 돕는 일이다.

날만 새면 당신을 둘러싼 '바깥'을 비추는 일에만 익숙한 랜턴 비추는 습관을 고쳐 보라. 당신이 비추는 랜턴의 방향을 거꾸로 돌려 당신 자신을 먼저 비추어 보라. 지금 당신의 스마트폰 검색창에 '회광반조'라는 사자성어를 쳐 보라.

당신이 어느 길로 들어서더라도

풋풋한 자네들과 함께 지낸 지
어느 새 여러 날이 지났군.
자네들은 할 일이 많을 테니
이제 각자 길을 떠나야겠지.

자네들을 배웅하기 전에
꼭 보여주고 싶은 데가 있어.
거긴 아주 작은 옹달샘이야.

하지만 나중엔 큰 강이 되었다가

마침내 바다가 되지.

강이 될 때까지

수많은 개울과 시냇물을 끌어안는다네.

아무도 없는 깊은 산속에서 흘러내린

작은 물줄기들이 합쳐져서

그렇게 묵직하고 거스를 수 없는

강이 된다는 것은 놀라워.

자! 여기 이 나무다리를 건너

30분쯤 오솔길을 가야 하네.

땀이 좀 날 거야.

근원을 찾는 일에는 땀을 흘려야 하는 법일세.

정자가 보이는 걸 보니 다 왔어.

삶이 바뀌는 교차로

바로 여기야!

섬진강 발원지인 '데미샘'!

그 큰 강이 맨 처음 여기서 시작된다네.

몇 움큼밖에 되지 않는 이 조그만 옹달샘이

쉼 없이 흐르며

그 수많은 생명 존재들을 먹여 살리고 있지.

자네들도 한 모금 떠 마셔 보게나.

강물의 처음 시작으로

자네들 가슴과 마음을 촉촉이 적셔 보게.

어때, 후련하지?

젊은 당신의 처음 시작은 옹달샘과 같다. 산속에 스며든 작은 물방울이 샘으로 솟아나와 바깥세상을 향해 흐르듯이 당신도 그렇게 세상에 나와 흐름을 시작한 것이다.

젊은 당신은 맨 처음 작은 물방울이었다가 옹달샘으로 솟아 점차 개울과 시내가 되어 흐르면서 비로소 모습을 갖춘 물줄기가 된다. 그 다음엔 어엿한 이름을 가진 하나의 강이 된다. 그러다가 끝내는 그 이름마저 버리고 다시 그냥 물이 되어 큰 바다로 흘러든다. 이것이 바로 모든 젊은 당신들의 기본 포맷이다. 당신이 누구일지라도 이 기본 포맷을 벗어날 수 없다.

이 기본 포맷 위에 누구에게나 틀림없이 공평한 메커니즘이 얹혀 있다. 그 메커니즘은 두 마디의 사자성어로 표현해 볼 수 있다. 생로병사生老病死, 그리고 생주이멸生住異滅이다.

생로병사는 태어나면 결국 늙고 병들어 생을 마감한다는 뜻이다. 간혹 어떤 사람에겐 늙고 병드는 과정이 생략되는 수도 있다. 하지만 태어났으면 마감을 피할 길은 없다. 생주이멸은 어떤 생명이 생겨나서 잠시 머무는 동안 끊임없는 변화를 겪다가 결국 사라진다는 뜻이다.

젊은 당신과 나를 포함해 지구상에서 이 두 가지 메커니즘을 벗어나는 생명 존재는 없다. 젊은 당신은 앞으로 살아가는 동안 이 두 가지 메커니즘을 모든 것의 가장 첫머리에 새겨 두고 살아가는 것이 가장 현명한 일이 될 것이다.

사람들은 보통 늙음과 병듦에 관해 그리고 특히 마감에 관해 이야기하는 것을 싫어하거나 회피하는 경향이 있다. 그들은 이런 종류의 이야기에 대해 '재수 없다'거나 '아니 벌써'라는 식으로 얼버무린다.

하지만 그 누구도 이 공평한 메커니즘을 제 마음대

로 보류하거나 면탈할 수는 없다. 그것은 불가능하다. 이치란 것을 이해할 수는 있지만 이치를 지배할 수는 없다. 본래부터 그렇기에 인간이 달리 손을 쓸 수가 없다는 뜻이다.

사람들이 삶의 이 엄연한 기본 포맷과 메커니즘에 관해 이야기하기를 회피하고 외면하는 이유의 밑바닥을 파헤치면 그것은 한마디로 막연한 두려움이다. 미처 해결을 보지 못한 삶에 대한 두려움이다.

따라서 그들은 자기가 이미 삶을 살고 있으면서도 삶에 대한 두려움이 언제나 밑바닥에 깔려 있다. 그러기에 그들의 삶은 항상 불안정하며 겉으로는 감출 수 있을지 몰라도 사실은 내면이 취약하기 그지없다.

그들은 자기에게 필연적으로 주어진 이 메커니즘을 단 한 번도 정면으로 응시한 적이 없을 것이다. 그들은 눈동자를 삶의 정면에 마주치지 못한 채 딴청을 피우거나 삶의 옆얼굴만 불확실하게 어물쩍 보려고 할 뿐이다.

가뜩이나 젊은 당신에게 내가 불쑥 옆구리 찌르듯 이런 이야기를 꺼낸 데에는 분명한 이유가 있다. 그것은 청년이라는 당신의 지금 시기가 당신의 인생 전체를 통틀어 인생을 준비할 수 있는 유일한 기회이기 때문이다. 따라서 젊은 당신은 이 시기를 의미 있게 보내야 한다.

그러기 위해 당신은 삶의 기본 포맷과 메커니즘을 잘 이해할 필요가 있다. 당신이 이것들을 제대로 알면서 살아간다면 괴로움에서 벗어나 행복을 향해 한 발 더 가까이 다가설 수 있을 것이다. 그리고 삶의 의미를 더욱 뚜렷하게 취할 수 있을 것이다.

이와 관련해 당신에게 붓다의 충고를 덧붙인다. 이 충고는 각자의 종교에 상관없이 공평하고 우뚝하다.

"인생의 절반은 잠이다. 여기에다 10년은 어린 시절로 써 버리고, 20년은 늙어서 잃어버린다. 남아 있는

20년마저도 울고, 불평하고, 아파하고, 화를 내는 데에 많은 시간을 허비한다."

현대의 인간 수명은 붓다 시절보다 조금 더 길어졌지만 그가 충고한 '남아 있는 20년'이 바로 젊은 당신의 시기에 해당한다. 당신의 시기는 정말 귀중한 것이다. 유일한 것이다.

이 시기를 의미 있게 보내는 것과 관련해서는 당신이 이름을 들어 보았을 세계적인 정신적 지도자인 달라이 라마가 가리키는 삶의 방향에 주목할 필요가 있다.

"지금의 삶을 의미 있게 만들기 위해서는, 늙어 가는 것과 죽음을 삶의 일부분으로 받아들여야 한다. 언젠가는 죽음이 찾아온다는 사실에 대해 생각해 보는 것은 생산적이고 유익하며 과학적인 일이다. 죽음에 대한 사색은 보다 나은 발전을 위한 가능성을 열어준다."

달라이 라마는 '유익하고 생산적인 삶'을 살아가기 위해서는 삶의 메커니즘을 똑바로 바라볼 필요가 있다

삶이 바뀌는 교차로

는 점을 당신과 나에게 소중하게 일러주고 있다. 그런 자세가 합리적이라는 것을 일깨워 주고 있다. 합리적이라는 말은 '이치에 꼭 들어맞다'라는 뜻이다.

내가 이 책 1부 맨 앞쪽 "젊은 당신을 초대하면서"라는 글에서 인생에 관해 우리 주변에 생생히 살아 있는 고수들, 다시 말해 삶을 정갈하게 매듭지어 가는 노인들의 이야기를 젊은 당신한테 들려준 까닭도 바로 이 언저리에 있다.

당신이 나의 글을 읽어 가면서 알게 되었듯이 나는 당신에게 세상을 살아가는 '요령'이나 '처세'를 이야기하고 있지 않다. 요령이나 처세는 삶의 기본 이치와는 너무나도 동떨어져 있다. 나는 젊은 당신에게 정말로 '필요한 것'이 무엇인지에 관해 진솔하게 이야기하고 싶었다.

젊은 당신이 정말로 관심을 가져야 할 것, 관심을 가질수록 유익한 것은 바로 '삶의 기본 메커니즘'에 대한 올바른 이해다. 왜냐하면 당신의 본질은 이 기본 메커니즘이 펼쳐 놓은 다양성에 입각하고 있기 때문이다. 당신은 73억 명에 달하는 그 수많은 다양성 가운데 단 하나밖에 없는 사례다. 당신의 고유함은 바로 여기에서 비롯된다.

젊은 당신은 그 '무엇'으로든 될 수 있다. 당신은 아직 젊기에 모든 가능성을 내포하고 있다. 이것은 당신이 처한 바깥 환경과는 무관하다. 젊은 당신은 산봉우리에 떨어진 한 개의 물방울이다. 당신은 동서남북 그 어느 방향으로든 흘러간다.

강원도 태백 땅에 삼수령이란 곳이 있다. 이곳에 떨어진 물방울이 동쪽으로 흐르면 동해가 된다. 서쪽으로 흘러내린 물방울은 서쪽으로 향해 한강이 되었다가 마침내 서해가 된다. 남쪽으로 흐르면 낙동강이 되었다가 결국 남해를 이룬다.

물방울의 최종 도착지는 모두 바다다. 물방울은 바

다가 된다. 바다는 수많은 물방울이 모이는 곳이다. 당신과 나는 처음엔 작은 물방울이었다가 싫든 좋든 서로 만나 마침내 바다에서 한 몸을 이룬다. 처음에 어느 물길로 들어섰든지 당신과 나 그리고 우리 모두가 도착하는 곳은 같은 곳이다.

섬진강은 남도 진안 땅에서 흐름을 시작해 임실과 순창, 남원과 곡성, 구례와 하동 그리고 맨 마지막 광양의 망덕포구에서 남해를 만나 그 이름을 마침내 버릴 때까지 무려 265개 지류를 포옹한다. 당신의 삶도 그 지류 중 하나다.

당신이 어느 방향으로 흐를 것인지는 당신이 결정하는 게 아니다. 그것은 쉬운 말로 하늘이 정하는 것이다. 당신이 할 일은 삶의 물길이 이끄는 대로 흘러가는 것뿐이다. 따라서 당신은 '하필 나는 왜 이 거친 물길로 흐르는 것이지?' 라고 불평하거나 자책할 필요가 없다.

화살을 맞은 사람이 해야 할 일은 화살을 뽑고 독을

빼내는 일이지 화살을 왜 맞았는지, 화살이 어떻게 만들어졌는지 분석하는 일이 아니다. 당신은 그냥 흐름에 자신을 맡기면 된다.

여기 우화가 하나 있다.

홍수에 떠내려가던 말과 소가 있었다. 힘이 세다고 자만에 빠진 말은 물길을 거슬러 헤엄쳐서 살아 보려고 성급하게 안간힘을 쓰다가 끝내 기진맥진해 익사하고 말았다. 반면 소는 발버둥치지 않았다. 그냥 물살에 몸을 맡기고 물길을 따라 떠내려갔다. 그러다가 얕은 모래톱을 만났다. 소는 마침내 물을 빠져나왔다. 이치를 알고서 그 흐름에 맡기는 것과 이치를 모르고 거스르는 것의 결과는 하늘과 땅 차이다.

젊은 당신에게 내가 삶의 기본 얼개와 이치에 관한 이야기를 들려주는 까닭이 여기에 있다. 삶의 이치를 제대로 깨우친 사람은 스스로 낭패를 자초하지 않을 것이다. 그는 주어지지 않은 것에 함부로 저항하거나 쉽사리 불만족에 빠지지 않는다.

그는 오로지 자기가 '가진 것'에 집중한다. 그는 자기가 가진 것에 대한 집중을 키워 나가면서 숨 쉴 공간을 점차 넓혀 간다. 그는 무턱대고 무엇을 원하기보다는 자기 자신에게 '필요한 것'을 서두르지 않고 챙겨 나간다. 또한 그는 모든 것에는 흐름이 있고 때가 있다는 것을 잘 알고 있다. 나아가 그는 자기의 흐름이 언젠가 반드시 바뀐다는 것을 슬기롭게 알아차리고 있다.

물살이 빠르고 굽이치는 곳을 지나고 나면 언젠가는 평평한 곳에 이른다. 힘겨운 상황에 놓인 젊은 당신의 내면에도 평화로움은 진작부터 함께 깃들어 있다.

삶의 힘겨움에 눈멀지 말라! 삶의 흐름이 잠시 힘겨울 때 강변에 나가 유유히 흐르는 강물을 바라보라! 강물은 드넓은 바다를 향하고 있다.

제2부 지리산에서 만난
         청년들

컴퓨터 프로그래머의 변신

깡마른 체구에 안경 너머에서 톡 쏘는 듯한 그의 눈빛
과는 달리 옷차림은 꼬질꼬질했다. 그의 풍모와 행색
은 왠지 언밸런스한 느낌이었다. 그는 춘향의 묘가 있
는 육모정을 지나 정령치로 이어지는 구룡계곡 초입
언저리에 아무도 거들떠보지 않는 땅 한 뙈기를 사 놓
았다며 장차 여기에다 볏짚을 이용한 친환경 오두막을
짓고 살 거라고 했다.

곱상한 얼굴에 먹물 티가 배인 그의 아내는 임시로
학생들을 가르치며 벌이를 한다고 했다. 이들 짝꿍은

얼마 전 서울에서 내려와 밤고개 너머 이웃 고을에서
지내고 있었다.

나는 그 친구를 화엄사 입구 후배 집에서 마주쳤다.
오늘 힘들어 죽을 뻔했다며 하룻밤 묵고 가야겠으니
재워 달라고 했다. 넉살 좋고 친근감 있게 굴었다. 우
리 셋은 저녁을 함께 먹고 소주 한잔을 나누게 되었다.

그 친구의 넉살과 푸념 속에서 그가 오늘 힘들어 죽
을 뻔한 사연이 튀어나왔다.

"와! 죽겠더라고요. 날은 덥지, 햇볕은 종일 쨍쨍하
지, 길에서 먼지는 풀풀 나지, 거기다가 매연까지 ···.
내가 언제 깃발 올리고 내리는 일을 할 거라고 생각이
나 했겠어요? 서울서 잘나가던 내가 고작 일당 몇만 원
벌자고 객지 시골에 와서 이 고생을 하다니 생각하는
순간 울컥하기도 했어요."

그는 도로공사 현장에서 오가는 차량을 향해 깃발
신호를 보내는 아르바이트를 자원한 것이었다. 그나

170

마 경험이 전혀 없어 일당도 별로 쳐주지 않았지만, 인생길을 확 바꿔 시골 생활을 자처한 마당에 당분간 가릴 게 있나 싶어 닥치는 대로 뛰어들었다는 것이었다.

사무실 컴퓨터 앞에 앉아 머릿속이 지끈거릴 정도로 정신노동만 하다가 난생 처음 몸으로 때워야 하는 육체노동을 하니 느끼고 깨닫는 게 있더라고 했다.

서울에 있을 때 무슨 일을 했었냐고 묻자 컴퓨터 프로그래머였다고 했다. 연봉을 8천만 원이나 받았다는 얘기에 나는 눈을 휘둥그레 뜨며 물었다.

"아니, 젊은 사람 봉급치고는 상당히 높은 편인데 재주가 있었던 모양이네. 그런데 분야도 그렇고 잘나가던 사람이 뭐 하러 여기까지 내려온 거야? 부모님은 펄쩍 뛰시지 않던가?"

그가 대답했다.

"수입이야 짭짤했죠. 살 만했어요. 근데 이게 아니라는 생각이 자꾸만 들더라고요. 스트레스가 너무 심해서 내가 이러다가 몸도 망치고 미쳐 버리는 것 아닐까 하는 의구심에 날이면 날마다 점점 괴로워졌어요. 그러다가 도저히 못 견디겠기에 결심한 거죠."

나는 고개를 끄덕이며 되물었다.

"듣고 보니 이해할 만하네. 그렇지만 아직 여기에선 자네의 전문성을 써먹을 만한 데가 마땅치 않아 보여. 그렇다면 앞으로 살아갈 방도가 녹록하지 않을 텐데?"

그가 빙그레 웃으며 내뱉은 마지막 대답이 인상적이었다.

"솔직히 말해서 앞으로도 몸 고생은 더 해야겠죠. 그런데 말이에요, 형님! 몸은 죽겠다 싶은데 마음은 진짜 후련하대요. 내 머리가 이렇게 개운한 건 처음이에요! 잘되겠죠 뭐⋯."

그 후로 한참 시간이 흐른 뒤, 그가 마침내 집 짓는 일에 착수했다는 소식이 들렸다. 그리고 태풍을 만나 고생이 이만저만 아니라는 이야기도 함께 들렸다.

31살 작곡가를 붙든 것

아직 앳되어 보이는 그 청년은 얼굴이 하얗고 차림새가 말쑥한 것이 도시의 물을 먹은 냄새가 풍겼다. 내가 그 청년을 우연히 마주친 것은 읍내에서 집수리 일을 하고 있다는 동생들에게 점심이나 사 주려고 그 집을 찾아가서였다.

얼핏 웬 청년이 눈에 띄었지만, 처음엔 설마 그가 새 집주인이란 걸 상상을 못했다. 내 눈엔 무척 어려 보였기 때문이다. 그러나 동생들의 소개를 받고 보니 그가 집주인이었다.

도시에서 사회생활을 시작할 나이쯤 되어 보이는 한창 젊은이가 새로 이사 올 집주인이라기에 나는 궁금증이 생겨 대뜸 말을 섞었다.

"실례지만 올해 몇 살이오?"

"서른한 살입니다."

"서른한 살에 집주인이라…. 능력 있는 양반이네. 그런데 이곳에 연고가 있나요?"

"아니, 완전히 낯선 곳입니다. 지금 2주밖에 안 되었습니다."

"그런데 어쩐 일로 이렇게 집까지 장만한 거요?"

"아! 그건 곧 결혼할 제 여자친구랑 이곳에 여행을 왔다가…. 둘 다 필$_{feel}$이 꽂혔어요."

이야기를 나누다 보니 그는 작곡가였다. 여자친구도 같은 일을 한다고 했다. 이런 시골에선 음악으로 먹고살기가 어렵지 않겠냐고 내가 괜한 걱정을 하자, 그는 순순히 자기 생각을 털어놓았다.

"곰곰이 생각해 보니 저랑 제 여자친구의 직업이 꼭 도시에 있어야만 되는 것은 아니더라고요. 직업 특성상 이런 시골에서도 얼마든지 가능하겠다는 생각이 들었죠. 더구나 자연 풍광이 좋고 저희 둘 다 전원생활에 관심이 컸고 … 그러면 음악도 더 잘될 테고 … . 이렇게 된 겁니다."

그 청년이 손을 보고 있던 그 집은 읍내 중심부에 있어 공간이 그다지 넓지는 않았지만, 그래도 그 청년은 이런저런 구상이 세워진 듯 작업하는 동생들에게 이것 저것 설명을 하면서 당차게 리드를 하는 모습이었다.

그 후로 여러 달이 지났다. 어느 날 나는 문득 그 청년이 생각나서 주변 동생들에게 근황을 물어봤다. 그러자 한 동생이 스마트폰을 꺼내더니 뭔가를 검색해서 나에게 보여주었다.

그 청년이 사는 집이 말끔하게 새 단장을 한 사진이었다. 집 내부 모습에는 음악 작업실로 보이는 분위기

지리산에서 만난 청년들

와 물건들이 눈에 들어왔다. 그가 직업상 홍보도 할 겸 새로운 친구들도 사귈 겸 웹사이트를 만들어 놓은 모양이었다.

그의 이런 모습들이 나에게는 신선하고 대견스럽게 다가왔다. 그 모습은 도시의 인생길 트랙을 시골로 확 바꾼 어느 풋풋한 젊은이의 용감한 역발상이었다. 그런 시도와 실천을 한 것 자체에 박수를 보내줄 만했다. 이즈음 그 청년은 그의 짝이랑 틀림없이 오붓하게 잘 지내고 있을 듯하다.

변방에 뿌린 연극 씨앗

그가 아무런 연고도 없는 이곳 읍내에 나타나 무작정 헤매고 있을 때, 나는 그를 처음 만났다. 친한 후배 녀석이 읍내에서 우연히 그를 만나 며칠 재워 주겠다며 데리고 왔다. 인사를 나누다 보니 그는 연극인이었다. 그리고 나중에 더 알고 보니 그는 국립극장에서 주연을 맡았던 유명 배우였다.

이것이 인연이 되어 나는 훗날 명동국립극장이 재개관 기념연극 공연을 했을 때, 그가 주연을 맡은 두 편의 연극을 직접 가서 본 적이 있다. 그의 후배들에게

지리산에서 만난 청년들

뒤풀이도 쏘았다. 그만큼 그를 위하고 싶은 마음이 내켰다. 비단 그를 위한 것만이 아니라 가난한 시골을 위해서.

맨 처음 그를 보았을 때 그의 음성은 차분하고 또박또박했다. 그러나 왠지 모를 서글픈 기색이 엿보였다. 서로가 눈치껏 말문을 열다가 술이 거나해졌을 무렵 그가 이곳 지리산 언저리에 나타난 사연을 알았다.

그는 짝이 세상을 떴다고 했다. 고등학생 아들과 초등학생 딸을 남긴 채였다. 대학에 들어가야 할 아들은 일단 서울에 남겨 두고 어린 딸과 함께 여기서 살아 볼 작정이었다. 얼마 후 거처를 마련한 그는 딸을 데리고 왔다.

초기에 그는 그대로 딸은 딸대로 급변한 환경에 이리저리 적응하느라 힘들어 보였다. 하지만 그는 연극인 인생답게 끈기를 보였다. 안쓰러워 보였던 딸도 어느 새 무럭무럭 성장했다. 그렇게 몇 해가 지나갔다.

드디어 그는 기지개를 켜기 시작했다. 귀농·귀촌 자들로 연극 동아리를 만들더니, 어느 해 봄 군청 행사에 그가 기획·연출한 이곳 사상 최초의 연극이 막을 올렸다. 시골 노인들은 생전 처음 구경하는 연극을 보며 어리둥절 신기한 표정이었다.

연극의 불모지에서 꿈틀거리기 시작한 그의 몸짓은 단발로 끝나지 않았다. 그는 해마다 봄이면 연극을 공연했다. 열악한 환경에 형편은 어려웠지만, 그는 괘념하지 않았다.

마침내 올봄엔 읍내 문화예술회관 극장에서 〈구례, 우리 읍내〉라는 각색 연극이 이전과 다르게 무려 1주일 마라톤 공연을 펼쳤다. 해를 거듭하면서 이제 관객들은 멀리 서울과 진주, 부산 등지에서 온 사람들이 섞여 있었다. 객석은 평일에도 가득 찼다.

나중에 읍내 커피숍에서 그와 단 둘이 만났을 때, 나는 지나간 그의 몇 년이 본인과 가족은 물론이고 주변에도 무척 의미 있는 세월이었다고 격려해 주었다. 그리고 그가 꾸준하게 뿌린 씨앗이 문화적으로 소외당한 이런 시골에 장차 더욱 큰 의미를 퍼뜨리게 될 것이라고 덧붙였다. 장하다고 했다.

그때 그는 나에게 이런 이야기를 들려주었다.

"제 연극 생활에 가장 영향을 많이 끼친 작가가 있습니다. 러시아의 작가 안톤 체호프입니다. 제가 그로부터 영향을 받은 것은 그의 생각이었습니다. 그는 소외된 변방의 삶에 관심을 기울였지요. 먼 훗날 우리 후손들이 앞서 살다 간 사람들의 이야기를 듣게 될 때, 힘 있고 권세를 누린 사람들보다는 힘없고 평범한 인생들의 이야기가 더 참고가 되지 않을까요?"

그의 꿈은 섬진강변에 연극인 마을을 꾸리는 것이다. 그는 얼마 전 그가 계획하고 있는 장소 근처 마을로 이사했다.

그전에 그는 이곳 섬진강변 어느 폐교 운동장에서

그의 새 짝이 된 아내와 결혼식을 올렸다. 화창한 5월
이었다. 나도 서울에서 내려와 참석했다. 마침 그때
공교롭게도 내 스마트폰에 지인이 보낸 SNS가 떴다.
거기엔 이렇게 적혀 있었다.

'제 딸 혼사를 알려드립니다. 장소는 서울 삼성동 ○
○호텔 예식장입니다.'

우리나라에서 제일 호화롭고 값비싸다는 그 호텔 예
식장이었다. 섬진강 결혼식과 초호화 호텔 예식장의
모습이 머릿속에서 대비되었다. '값어치'라는 말의 의
미를 문득 되새겨 보았다.

후배 S가 지리산과 섬진강에 뿌린 그 연극의 씨앗들
이 지금도 잘 자라고 있으리라.

다시 사진 찍는 날을 기다리며

그는 한 월간지의 사진작가였다. 어느 날 그의 집에 갔다가 그가 오랜 시간 틈틈이 찍은 수많은 분량의 사진들을 들여다볼 기회가 있었다.

산과 자연을 좋아했던 그의 사진들은 주로 아름답고 고즈넉한 풍경들을 그의 마음이 이끄는 각도로 잘 담아내고 있었다. 사진들을 보니 그의 마음을 읽을 수 있었다.

그의 지금 직업은 목수다. 손재주가 있는 덕분에 종종 집을 고치거나, 나무가 쓰이는 물건이나 시설을 만들어 주면서 벌이를 하고 지낸다. 차분하고 순한 인상의 짝꿍은 마을에서 멀지 않은 곳으로 출퇴근하며 사무를 보는 일을 하고 있다. 아이는 아직 없고 종자 좋은 개 여러 마리를 식구로 두고 있다.

그 친구의 꿈은 두 가지다. 하나는 조금 사들인 섬진강변 땅에 직접 자기 손으로 머지않아 편안한 보금자리를 꾸미는 것이다. 2층집을 짓겠다고 했다. 완성되면 전망이 뛰어날 그의 2층 방에 올라가 볼 기회가 올 것이다. 집안에 들어앉아 멋진 풍광을 온종일 공짜로 만끽하는 것은 신나는 일이 될 것이다. 그쯤 되면 술맛도 한층 더 날 것이다. 그의 꿈이 조만간 이루어져 집들이 손님이 될 날을 나도 손꼽아 기다리고 있다.

그의 최종적인 꿈은 카메라를 다시 목에 걸고 지리산 일대를 누비며 사진을 찍는 것이다. 벌이는 가끔, 사진과 여행은 자주 … 이것이 그의 작은 소망이다.

가끔 볼 때마다 그는 "집을 어서 지어야 되는데 …",

"사진을 실컷 찍어야 하는데 …" 하며 옅은 푸념이 섞인 자기 꿈을 이야기한다. 말수가 적고 속 깊은 그의 성정으로 미루어 그의 이야기들이 언젠가 반드시 실현되리라 믿는다.

그 친구는 보기보다 취미가 다양하고 멋쟁이란 생각이 든다. 두 해 전에는 그 친구 덕분에 서울에서 모처럼 놀러 온 내 딸아이가 난데없는 섬진강 카약 놀이를 할 수 있었다. 카약은 그가 예전에 마련한 것이었다.

그에 관한 내 이야기에 혹시 당신이 그를 한량처럼 놀자판 인생으로 오해할까 봐 조금 더 설명을 덧붙인다. 그는 무척 열심히 일한다. 고되어 보인다. 하지만 그의 꿈에 비추어 볼 때 그의 꿈이 욕심쟁이의 그것이 아니라는 점을 내가 잘 알기에 그는 힘들어도 잘 견뎌나갈 것으로 생각된다.

인생이 일만 하려고 태어난 게 아니련만, 그저 한세상 유쾌하고 즐겁게 그리고 사이좋게 도우면서 살다가면 그만인 소풍 같은 것이련만 삶은 그런 여유를 쉽사리 마련해 주지 않는다. 대개의 사람들에게 삶은 빠듯하다. 전생에 나라를 구할 정도의 큰 복덕이 쌓이지 않는 한 대부분의 사람들에게 삶이란 대개 그렇다. 나도 그랬다.

그러나 이제 와서 꽤 살아 보니 삶의 전개 과정은 무엇인가를 선뜻 거저 내주기보다는 얄궂고 빡빡하고 주름진 것들을 먼저 알게 함으로써 조화와 균형을 맞추도록 짜여 있는 게 아닐까 하는 생각이 든다.

이런 점에서 내가 당신에게 소개한 이 친구도 삶의 조화로운 균형점을 찾아 다가서고 있을 것이다. 삶은 모든 것을 펼쳤다가 모두 거두어 간다. 젊은 당신은 소망하되 욕심은 버리는 게 나을 것이다.

둘레길 카페 가족

이 친구는 눈매가 서글서글하고 상냥하다. 두 살배기 아들을 두었다. 그의 아내는 당신이 이름을 알 만한 고참 개그맨의 딸이다.

이들 오붓한 가족은 몇 해 전 지리산 북쪽 남원 땅 둘레길이 지나는 들판 바로 가까이에 모양이 특이한 창고형 카페를 열어 도시에서 이사했다.

나는 이 카페에 앉아 바라보는 들판 풍경과 산들의 어슴푸레한 실루엣이 좋아서, 내가 즐기는 아이스 아메리카노를 맛있게 잘 타주고 리필도 잘 해 줘서, 그의 장인과 이런저런 인연이 닿기도 해서, 그리고 나를 찾아 멀리 도시에서 온 방문객들의 지리산 안내 마지막 코스로 안성맞춤이어서 종종 거기에 간다.

내가 들으니 이들 가족의 산골 정착은 개그맨 아버지가 딸 부부와 손자를 위해 권유한 것이었다. 개그맨 그 양반도 다른 시골에서 후진들을 가르치며 의미 있는 역할을 하고 있다. 엇박자로 빗나가는 엉뚱한 언행이 그의 브랜드였지만, 그가 후손 가족에게 전원의 삶을 권유한 일은 빗나가기는커녕 정통으로 잘 맞춘 일로 보였다.

왜냐하면 내가 느끼기에 그 가족 셋은 언제 보아도 편안해 보였기 때문이다. 꼬마 아들 녀석은 무럭무럭 잘 자라 있었다. 내가 반갑게 인사하자 평온하게 자란 시골 아이답게 경계심 없이 다가와 살갑게 옹알거렸다. 이런 가족을 대하는 기분은 폭신폭신하다.

아기 아빠인 그 청년은 트럼프 마술도 곧잘 한다. 가

끔 내키면 손님들에게 마술도 보여준다. 그 카페에서
는 피자와 스파게티도 먹을 수 있다. 논두렁과 들판과
산을 바라보며 먹는 맛이 별미가 아닐 수 없다.

나는 지금 당신에게 그 카페를 홍보하는 게 아니다.
그들은 내가 이 글을 쓰고 있다는 사실조차 모른다. 내
가 얘기한 적 없으니까. 이 책이 나오면 한 권 선물할
생각은 있다.

다만 그들이 사는 모습이 무척 평화로워 보여서, 퍽
예뻐 보여서, 이 땅에 이런 모습의 후손들이 많아졌으
면 싶어서 당신에게 소개하는 것일 뿐이다. 그뿐이다.

나의 글을 읽는 인연을 맺게 된 젊은 당신은 아마도
미혼일 것이다. 요즘은 결혼이 늦어지니까, 아니 결혼
을 하고 싶어도 젊은 당신의 형편이 호락호락하지 않
을 테니까. 하지만 젊은 당신도 언젠가는 결혼하게 될
것이다. 언젠가 짝이 맞춰질 것이다.

내 얘기는 당신이 훗날 그렇게 될 때 당신과 미래의

가족이 반드시 시골에 살아야 한다는 뜻은 아니다. 내 얘기의 무게 중심은 거기에 있지 않다.

내 얘기가 가리키는 방향은 '평온'이다. 평화롭게 별일 없이, 큰 탈 없이 살아가는 것이다. 평온 또는 평안함은 인간이 누릴 수 있는 최대치의 축복이다. 그것을 능가할 축복은 세상에 없다.

젊은 당신은 앞으로 많은 일들을 겪을수록, 나이가 들어 갈수록 더욱 더 '평온'을 찾아 나서게 될 것이다. 그것의 소중함을 점차 알게 될 것이다. 수많은 별일들을 겪고 난 후에 별일 없다는 것의 귀중함을 깨닫게 될 것이다.

세상의 모든 문제들은 평온함을 이탈하는 데에서 비롯된다. 그렇지 않은가. 젊은 당신의 미래가 평온하기를 바란다. 당신이 평온을 다른 욕망들과 엿 바꿔 먹는 어리석음을 자초하지 않기를 바란다.

자유와 속박 사이

눈가에 잔주름이 자글자글 새겨진 그녀는 마음고생을 많이 겪은 돌싱이다. 약주 한잔에 분위기가 촉촉해지면 가슴속 깊은 곳에서 길어 올리는 노랫가락에 뭔가 울림이 있다.

그녀는 이곳 지리산 자락에서 혼자 지내기에 외관상 자유로운 몸이다. 하지만 여전히 해결이 나지 않은 마음의 속박이 느껴진다. 그녀는 자유로움을 향한 갈구와 아직도 발목을 잡는 속박 사이를 오가며 자기만의 '길'을 찾고 있다.

도시에서 빠듯하게 입에 풀칠하며 살던 그녀가 챙겨 놓은 돈 한 푼 없이 다짜고짜 나타나 거처를 찾더니, 그래도 솟아날 구멍은 있다고 어느 빈집과 인연이 닿아 고단했던 삶에 한숨을 돌리게 된 것은 천만다행이었다. 힘들어도 삶은 신통방통 꾸려지게 되어 있다.

이전까지 그녀의 인간관계는 생계를 의식해 사교를 해야 하는 일종의 비즈니스에 지나지 않았다. 그래서 주변에 아는 사람은 꽤 있었지만 거꾸로 아무도 없다는 것을 의미하기도 했다. 힘들거나 괴로울 때 결국은 혼자였다.

그녀는 마음을 갖다 붙일 곳이 마땅치 않았다. 힘겹고 가슴 시린 응어리들이 마음속을 가득 채울 때마다 불면에 시달리다가 캄캄 새벽길에 차를 몰고 전국을 이리저리 수없이 쏘다녔다. 그러다가 까닭 모를 안식의 느낌을 받은 곳이 지리산이었다.

아마 그녀는 이곳 어느 산길, 어느 강변, 어느 숲에

서 처절하게 흐느꼈을 것이다. 때로는 입을 앙다물었
을 것이다. 사연 많고 한 많은 그녀의 이야기들을 지리
산은 말없이 하염없이 들어주었을 것이다. 그러다가
그녀의 지친 어깨를 가만히 감싸주었을 것이다. 그녀
와 지리산은 이렇게 만났다.

이즈음 그녀에겐 제법 말벗들이 생겼다. 연극 모임
에도 나가고 아무런 이해관계를 느낄 필요가 없는 속
이 탁 트인 사람들과 즐겁게 마주하는 일이 잦아졌다.
그녀에게 이곳은 사람 살 만한 곳이 되었다.

하지만 그녀는 집 장만을 할 때 큰 도움을 준 고마운
지인의 신세를 갚기 위해, 아니 그보다는 온전하게 자
유롭기 위해 요즘 다시 서울을 들락거린다. 서울의 어
느 인테리어 회사에 계약직으로 일자리를 구했다. 그
러나 주말이면 만사 제쳐두고 이곳 지리산 거처에 내
려와 마음껏 쉬고 간다. 그녀가 어렵사리 마련한 시골
거처는 오히려 주말 별장 노릇을 하고 있다. 하지만 그

런 오락가락 인생은 머지않아 종지부를 찍게 될 것이다. 그때는 지리산에서 아무런 거리낌 없이 눌러 앉아 살게 될 것이다. 그녀가 그렇게 말했다.

어느 날 내가 그녀에게 말해 주었다.

"인생에 실패라든가 정해진 팔자 같은 건 없다고 생각해. 사람들이 실패라고 여기는 그것은 곰곰이 따져 들어가면 그냥 살면서 '겪게 되는 일' 아닐까. 실패라고 생각하면 부정적인 마음을 일으키는 것이고, 그냥 '겪는 일'이라고 받아들이면 담담해지지. 그리고 팔자를 운명과 동의어처럼 자기 마음에 고정시켜서 심는 것도 내 생각엔 부질없는 일이야. 너의 몸과 마음이 단 한순간도 똑같을 때가 없는데, 도대체 뭐가 고정적이란 거야?"

지리산에서 만난 청년들

삶이란 매 순간 자기 자신이 마음속에 일으키는 생각과 그 생각을 바깥으로 나타내 행동하는 것들의 집합체다. 따라서 매 순간 어떤 생각을 일으킬 것인가 또는 가라앉힐 것인가, 이것이야말로 당신과 내가 살아가면서 풀어야 할 가장 큰 숙제이자 가장 깊숙한 암시다.

지금 이 순간 당신은 마음속에 무슨 생각을 일으켰는가. 그 생각이 바로 당신의 모습을 만든다. 그 생각이 바로 당신의 삶이 된다.

따라서 당신의 생각을 찬찬히 바라볼 줄 알아야 한다. 당신의 생각을 당신 스스로 알아차리고 읽을 줄 알아야 한다. 당신의 생각이 부정적이면 가라앉히고 긍정적이면 스며 나오도록 하라. 그것이 당신의 인생이 된다. 운명이나 팔자는 그렇게 만들어지는 것이다.

나는 젊은 당신에게 '아직 길을 찾고 있는' 지리산 그녀를 소개하면서 당신이 '자유와 속박'의 진면목을 잘 깨닫게 되기를 바란다. 자유가 결여된 것이 속박이고 속박이 사라진 것이 자유다. 자유와 속박은 동전의 양면이다. 그 동전이 당신 손 안에 쥐어져 있다.

장사일까 수행일까

그녀는 눈이 크고 키가 크다. 눈망울은 눈물이 잘 맺힐 것처럼 생겼다. 걸음걸이는 성큼 성큼하다. 마음은 여리고 섬세해 잘 다치는 편이었다. 이전에는 그랬다.

그녀는 이곳 지리산에서 나랑 형님 동생 사이로 지내는 친한 후배의 짝꿍이다. 사내는 읍내 5일장에서 가게를 운영한다. 그의 아내는 섬진강 건너편 절에서 가게를 운영한다. 이 둘은 그래서 평소엔 강을 사이에 두고 따로 지낸다.

나는 이 두 사람과 꽤 친하다. 내가 콧바람을 쏘이고

싶을 때는 아무 때나 이들을 찾아간다. 두 사람은 언제나 나를 변함없이 반갑고 상냥하게 맞아 준다. 그녀는 내가 도깨비처럼 예고 없이 불쑥 나타나면 '형님!' 하면서 주변에 아랑곳하지 않고 큰소리를 지르며 엄청 반가움을 표시한다. 젊고 키 큰 여자가 늙수그레하고 아담한 아저씨에게 '형님!' 하고 고함치는 광경은 사람들을 어리둥절하게 만든다. 남들에게 굳이 설명할 필요는 없다. 인간관계는 1:1 특수 관계다.

이 둘은 마음씨가 참 고운 친구들이다. 나는 어느 해 봄날에 두 사람으로부터 받은 '선물'을 평생 잊을 수 없을 것 같다. 그것은 막 피어날 듯 꽃망울이 송골송골 맺힌 매화나무 가지였다. 내 구들방 페트병에 꽂아 둔 그 매화 가지는 며칠 뒤 일곱 송이의 향기 짙은 꽃을 피웠다. 그 기억이 떠오르면 지금도 괜히 가슴이 뭉클하다.

심성의 결이 곱고 계산 없이 친절한 사람을 만나는

것은 큰 행복이다. 그들 마음씨엔 거꾸로 난 비늘, 즉 '역린' 같은 것이 느껴지지 않는다. 마음이 가지런하다. 상냥함과 친절은 인간이 타인에게 내뿜는 기운 가운데 가장 상쾌한 에너지라는 것을 나는 이들에게서 새삼 다시 배웠다.

장날에 그 사내 친구를 만나면 고소한 볶은 깨 한 봉지를 가끔 내 손에 건네준다. 그냥 준다. 나는 염치가 없어서가 아니라 푸근한 마음이 되어 기꺼이 받는다. 눈이 큰 아이는 내게 뭔가를 해 주고 싶어 자꾸 묻는다. 세상에 이런 대접을 받으며 화날 사람은 없을 것이다.

그녀는 절에서 자고 절에서 깨며 지낸다. 온종일 절 안에 있다. 몇 해 전 거친 사람들에게 마음을 다친 후로 생활의 장소를 옮겼다. 그녀에게 나도 이런저런 이야기와 위로를 많이 했지만 지금은 아무런 갈등과 문제없이 편안한 얼굴로 잘 지낸다. 얼굴이 환하게 피어 있다.

얼마 전에는 그녀한테 놀러 갔다가 인연의 힘으로 그녀와 교분을 튼 어느 한국 화가를 만났다. 멀리 울산에서 온 분이었다. 절에서 며칠 동안 작품 전시회를 하러 온 것이었다.

광목천이나 편백나무에 한국화를 그리는 그의 솜씨는 예사롭지 않았다. 특히 나무판에 그리는 그림은 실제 황토와 돌을 섞어서 나타내는 이색적인 화법을 구사했다. 나는 그녀 덕분에 그의 독특한 그림을 싼값에 얻어 내 거처의 부엌 찬장 뚜껑에 달아 놓고 설거지를 할 때마다 한 번씩 감상한다.

인연이란 참으로 예상치 않게 그리고 정말 묘하게 사람 사이를 돌고 돈다. 그것은 아마 그물망처럼 엮어져 있을 것이다. 그 그물망은 얼기설기 틈새가 있는 것 같지만 사실은 하나도 빠뜨리는 것 없이 건져 내고 이어 준다. 당신과 나도 그런 인연의 그물망 위에 놓여 있다.

지리산에서 만난 청년들

나는 순수한 인연을 맺고 있는 그녀를 보면서 그녀가 지금 하고 있는 일이 가게의 장사가 아니라 일종의 수행이자 복덕이라는 것을 느낀다. 그녀의 수행이 한층 업그레이드되기를 기원한다.

부서져도 의미 있게

이 친구는 체격이 두툼하고 수염은 언제나 덥수룩해서 한눈에 벌써 걸쭉한 느낌을 준다. 영혼은 자유롭다. 술 냄새에는 약하다. 하지만 신념에는 강하다. 외모는 장비 같지만 마음씨는 곱단이다.

이 친구는 떠돌이 생활을 즐긴다. 인쇄 디자인에 재능이 있어 용돈이 떨어지면 가끔 서울에 올라가 짧게 벌이를 한 뒤 약간의 돈을 마련해 금방 다시 내려온다. 주머니 사정이 그만그만해서 씀씀이가 헤픈 것은 아니지만 언제나 술이 가까이에 있다.

아무래도 시대를 잘못 만난 사나이 같다. 옛날 왕조 시대쯤 태어나 힘 좋은 군관 노릇을 하거나 '장길산' 같은 레지스탕스를 했더라면 왠지 잘 어울릴 것 같은 풍모를 가졌다.

성격이 털털하고 넉넉해서 웬만한 핀잔은 코끼리 다리에 모기 침놓듯 부질없어진다. 인정 많고 붙임성이 좋아서 이곳에 나타나면 선뜻 재워 주는 사람들이 여럿 있다. 한마디로 호탕, 쾌활하다.

그는 지리산에 사는 게 아니다. 종종 나타날 뿐이다. 그가 지내는 곳은 멀리 바다 건너 제주도다. 어느 해에 그곳으로 갔다. 그곳에서 나름대로 신념에 따라 활동하는 모양이었다. 나는 그의 활동이 어떤 것일지 대충 짐작이 간다.

어쨌든 벌써 여러 해가 흘렀는데도 그만둘 기색은 보이지 않는다. 달걀로 바위를 깨겠다고 달려드는 것처럼 턱없는 일은 이제 그만 접고 좋은 짝을 만나서 지리산에 둥지를 틀면 어떻겠냐고 어느 날 내가 넌지시 묻자, 그의 대답은 길지 않았다.

"파도가 바위에 부서져도 파도는 파도입니다. 의미 있게 부서지는 것이죠. 부서진다고 의미를 잃는 것은 아니잖습니까."

그 후에 나는 이 문제로 더 이상 그를 성가시게 하지 않았다.

언젠가 그와 함께 깊은 산속 외딴곳 양철 오두막에서 지내는 스님의 거처에서 하룻밤 묵게 된 일이 있었다. 겨울이라 무척 추웠다. 그날 밤 우리는 '이념'과 '인생'에 관한 이야기를 나눴다.

내가 말했다.

"이념이란 것은 결국 세상을 보다 나은 곳으로 만들어 보겠다는 방법론에 관한 어떤 생각 아닐까? 이 사람은 이 생각, 저 사람은 저 생각을 갖고 있는 것이지. 하지만 서로 생각과 방법은 다르더라도 세상을 바람직하게 바꿔 보겠다는 생각은 같잖아.

그런 공통분모가 있다는 대목은 어디로 다 놓쳐 버리고, 증오에 불을 붙여서 서로를 해코지하면서 급기야는 상대방을 '없어져야 할 존재들'인 것처럼 싸움질만 하는 꼴은 정말 못 봐줄 지경이야. 세상을 살기 좋은 곳으로 만들겠다는 것은 사람과 세상을 '사랑하는' 마음으로 하는 일 아닌가? 그런데 '사랑'은 어디로 가 버리고 '증오'만 남는다면 〈개그 콘서트〉나 다름없지. 어떤 이념을 가졌더라도 매우 공격적인 사람들을 보면 저건 아니다 싶어."

그는 묵묵히 경청했다. 내가 말을 이어갔다.

"우리 사회에는 안타깝게도 '이념 기생충'들이 꽤 있는 거 같아. 이념에 불을 붙이고 호들갑을 떨고 들쑤시면서 아예 그것으로 밥을 먹고 사는 부류들 말이야. 현대 역사에서 이념을 가장 요란하게 떠들었는데 가장 크게 망해 버린 인간이 누군지 알아? 히틀러 아닐까?

히틀러가 왜 비참한 최후를 맞이했을까. 내가 보기에 그건 바로 '증오' 때문이야. 증오는 자기 자신을 물론이고 모든 것을 망치게 하지. "

이념과 신념을 갖는 것은 심지가 있다는 것이지만, '사랑'이 빠져나가 버린 일은 그 어떤 것이라도 소용없고 의미 없는 것이라고 그에게 내 나름대로 얘기해 주었다. 그와 내가 가진 생명과 목숨 자체가 어떤 사랑과 자비의 힘이라는 것을 놓치지 말아야 할 것이라고 덧붙였다.

그리고 그 친구에게 짝을 잘 찾아보라고 말을 바꿨다. 이념도 좋지만 인생 자체는 이념이 아니라고 했다. 이념은 인간이 만들었지만 인생은 하늘이 만든 것이며 이념주의자들의 인생도 결국은 흘러간다고 했다. 이념이란 것도 종국적으로는 평화롭고 복된 인생을 추구하는 것 아니냐고 했다.

지난번에 그가 이곳 지리산 언저리에 오랜만에 나타

났다. 나는 반가운 마음에 그와 소주 한잔을 나눴다. 내가 넌지시 물었다.

"만나는 사람 있다며? 지금도 잘 굴러가고 있냐? 잘해 봐!"

그가 수줍은 듯 짧게 대답했다.

"예, 잘 만나고 있어요. 가끔 제주도에 내려와요."

당찬 그 아이

그 녀석은 올해 대학 초년생이다. 여대생이다. 입학하기가 하늘에 별 따기라는 서울의 어느 국립 대학교에 들어갔다. 미술 공부를 한다. 학생들을 유별나게, 치열하게 공부시킨다는 그 대학에서 공부 따라가랴 객지에서 혼자 기숙사 생활하랴 나름대로 고생하고 있을 것이다.

본인은 힘들겠지만 내가 그 아이를 떠올리면 슬며시 미소가 지어진다. 무남독녀인데도 어릴 적부터 어리광을 부리는 일 없이 무엇이든 혼자 해치우려는 근성이 강한 아이였다. 아이가 하도 당차고 기운이 강해서 제 부모도 종종 쩔쩔매는 눈치였다.

그 아이의 부모는 내가 퍽 좋아하고 아끼는 후배들이다. 빠듯한 살림살이에도 불구하고 재물 욕심 같은 것은 아예 심중에도 없다. 둘 다 지역의 자연과 환경 문제 전문가들이다. 그들이 전문가를 자처하는 게 아니라 내가 보기에 그렇게 불러도 손색이 없다. 지리산 둘레길이 마침내 세상에 알려지게 된 것은 그들의 수고와 몫이 컸다. 심지가 깊은 사람들이다.

나는 그 아이가 아직 10대였을 때 가끔 맞닥뜨리면 입버릇처럼 그 부모에게 한마디 하곤 했다.

"보통 녀석이 아닌 것 같아. 내가 느끼는 기운이 그래. 지금은 촌에 살지만 나중에 두고 봐. 분명히 뭔가 보여줄 거야. 잘 키우게."

그 아이는 아니나 다를까 이곳에서 고등학교를 다닐 때 읍내 청소년들 사이에서 꽤 소문난 아이였다. 골칫

덩어리와는 거리가 먼, 공부도 잘하고 씩씩해서 웬만한 사내 녀석들도 꼼짝 못한다는 이야기가 들렸다.

나는 그 아이의 성장 소식에 괜스레 뿌듯하고 기분이 좋아져서 한 번은 읍내에서 길을 가다가 10대 아이들이 보이자 장난기가 발동해 다짜고짜 그 아이에 대해 물었다. 어느 학교 학생인지 묻지도 않고 블라인드 테스트 하듯이 대뜸 말을 붙였다.

"애들아, 너희들 혹시 ○○이란 아이 알고 있냐? 너희들 또랜데 …."

길을 가던 그 10대 아이들의 대답은 몇 초도 걸리지 않았다.

"아! ○○이요? ○○학교 다니는 애 말이에요? 완전 '짱'이라던데 …."

나는 빙긋이 웃으며 고맙다고 했다.

그 녀석은 일단 대학 입시에서, 이곳 작은 시골에서 분명히 뭔가를 보여준 셈이었다. 내가 관상쟁이는 아니지만 내 말이 일단 맞았다. 나는 그 부모에게 축하 인사를 해 주었다. 그리고 이제부터 시작이니 두고 보자고 했다. 멋지게 잘 클 거라고 했다.

어느 날 만난 그 아이의 아버지인 내 후배에게 딸의 근황을 물었다.

"간섭을 싫어해서 저도 자세한 것은 잘 안 물어보는 편이지만 잘 지내나 봐요. 여러 가지로 힘은 들겠죠. 근데 여름방학 때 체코에 간다던데요?"

후배 그 친구는 마치 남 얘기 하듯 대꾸했다. 체코란 말에 내가 얼른 말꼬리를 잡았다.

"유럽 체코? 프라하 체코? 와! 그 녀석 출세했네. 근데 부모가 돈도 없는데 웬 체코?"

후배가 말했다.

"교수랑 학생들이랑 같이 간다고 하대요. 학교에서 챙겨주나 봐요."

발그레한 복숭아 빛 동그란 얼굴에 눈매는 늘 저항하

듯, 궁금한 듯 초롱초롱한 그 아이를 당신에게 소개하면서 나는 그 아이를 그럴 듯하게 윤색할 생각이 없다. 그 아이는 10대 시절 학교를 오가는 들길에서, 비좁은 공부방에서, 어느 날 휘영청 달 밝은 밤에 혼자 별들을 헤아리면서 많은 꿈을 꾸었을 것이다.

꿈을 '잘' 꾸는 자에게, 허황된 꿈속을 헤매지 않고 잘 '깨어' 있는 자에게 세상은 더 넓게 열린다. 나는 젊은 당신에게 그것을 말하고 싶다.

지리산에 돌아갈 겁니다

이 친구는 스무 살도 되기 전에 지리산에 나타나 마흔 살이 넘도록 지리산에 살았다. 그의 청년 시절은 오로지 지리산에서 지나갔다. 지리산이 그였고 그가 지리산이었다.

철부지 때부터 줄곧 산에서만 살아 온 이 친구는 한마디로 '별종'이다. 내가 이 친구를 이렇게 표현하는 것은 그럴 수밖에 없어서다. 이 친구는 사람들과의 관계에서 그를 잘 모르는 사람에게는 무척 엉뚱한 구석이 수두룩하다.

왜냐하면 이 친구는 대부분의 세월을 산 위에서 보냈기 때문이다. 도회지나 세상 속에 별로 섞인 적이 없다. 그러니 세상의 일반적인 잣대로 보면 그는 거의 모든 게 서투르다.

하지만 이 친구는 남들보다 무척 잘하는 것 또한 수두룩하다. 산속에 놓이면 그야말로 다람쥐다. 요리 솜씨는 짱이다. 나무를 다루는 목수 일이나 온갖 몸 쓰는 허드렛일에는 요령 부리는 적 없이 재빠르고 집중력이 뛰어나다. 전기도 다룰 줄 알고 용접도 잘한다. 농담과 넉살은 거의 개그맨 수준이다. 엄살과 능청도 적당히 잘 혼합되어 있다. 이 친구가 어느 날 어떤 스님과 알게 되어 벌어진 흥미로운 일화가 있다.

스님을 처음 대면한 어느 식사 자리에서, 가끔 해외 활동도 하는 그 스님이 조만간 프랑스에 간다는 얘기를 접한 이 친구가 초면에 앞뒤 가리지도 않고 다짜고짜 들러붙었다.

"와! 프랑스요? 좋겠다. 스님, 나도 같이 갑시다. 내가 밥도 잘하고요. 빨래도 잘하고요. 음식도 잘하고요. 가서 스님 수발들면 되잖아요."

나중에 스님이 내게 말했다.

"처음 보는 젊은 친구가 대뜸 같이 데려가 달라고 하도 당당하게 얘기하기에, 전생에 내가 그 친구에게 빚을 진 게 있어서 빚 갚으라고 독촉하는 것 아닐까 하는 생각이 들더라고요. 거기다가 수발까지 잘 들어주겠다니, 에라! 데리고 가자. 이렇게 됐어요. 허허허!"

그 덕에 이 친구는 태어나 처음 비행기를 타고 프랑스에서 무려 한 달을 지내고 왔다. 나는 그 덕에 프랑스 벼룩시장에서 사 왔다는 커피 내리는 앙증맞은 물건 하나를 덤으로 얻게 됐다.

소탈한 스님은 또 내게 이런 고백도 했다.

"서로 얘기하다가 그 친구가 가끔 나한테 '뭘 봐?' 하면서 엉뚱한 반말로 지껄일 때가 있었는데, 암자에 돌아와 곰곰이 생각하니 내가 정말로 '뭘 보고 있는 것이지?' 이런 자문자답을 하게 되더라고요. 거 참!"

이 두 가지 일화에 대해 당신이 해석하고 의미를 취하는 일은 당신의 몫이다.

이 친구는 몇 해 전 이곳 지리산에서 딱 잘 맞는 짝을 만나 한동안 섬진강변 외딴집에 살았다. 그러다가 멀리 경상도에 계신 고향 부모님이 늙어 편찮으시다는 소식에 그동안 집 떠난 불효자식이었는데 부모님 아직 살아 계실 적에 가까이서 모셔야겠다는 생각에 짝과 함께 경상도로 떠났다.

나는 문경새재 근처에 있는 이 친구 집에 가끔 들른다. 이 친구는 노동을 하면서 품삯을 벌고, 짝은 농협에서 사과를 선별하는 아르바이트를 한다. 둘 다 열심히 산다. 착하게 산다.

말벗이 없는 이들에게 나는 가끔 말벗이 되어 준다. 그리고 종종 통화하며 지낸다. 나를 만날 때마다 이 친구는 넋두리를 한다.

"형님! 지리산 잘 있죠? 나중에 부모님 떠나시면 우리는 다시 지리산에 가서 산속에 움막이라도 짓고 살랍니다. 지리산에서 살고 싶어요!"

🍃

이 친구의 이야기를 마무리하면서 나는 왠지 당신에게 이 친구의 이루어지지 못한 첫사랑 에피소드를 마저 들려주어야 할 것 같다. 이 끝 이야기는 그저 당신의 호기심을 의식해서 들려주는 게 아니다. 이 마지막 이야기 속에는 '무엇'인가 분명히 들어 있다.

"겨울에 눈이 엄청 쌓인 산장을 혼자 지키고 있는데, 몇 번 산에서 만난 그 여자가 생각나더라고요. 그래서 다음번에 오면 프러포즈를 해야겠다는 생각에 하얀 눈으로 에스키모인들의 '이글루'를 닮은 눈집을 여러 날 동안 정성스레 만들었어요. 거기서 촛불을 켜 놓고 내 마음을 전하려고요."

그러나 여러 날이 지나도 그 여자는 산에 나타나지 않았다. 이 친구는 행여 눈집이 녹을까 봐 밤낮으로 눈과 얼음을 덧입히며 무척 신경을 썼다. 그리고 날마다 그곳에 가보았다.

어느 날이었다. 눈집 안에서 무슨 소리가 들렸다. 그는 슬그머니 다가가 사람이 기어들어 갈 만한 입구 안쪽을 찬찬히 들여다보았다. 아니, 이럴 수가!

눈집 안에서 어미 너구리와 조그마한 새끼 너구리들이 서로 몸을 바짝 붙인 채 잔뜩 긴장한 눈초리로 그를 바라보고 있었다. 그는 할 말을 잃은 채 꿈쩍 않고 한참 동안 너구리들을 바라보았다. 너구리들도 그의 눈을 말똥말똥 쳐다보고 있었다.

산장에 돌아온 그는 그날 밤 혼자 새벽까지 술을 마셨다고 했다. 그리고 태어나서 그렇게 펑펑 울어 본 적이 없었다고 했다. 올망졸망 함께 있는 너구리 가족이 너무나도 부러웠다고, 자기도 차라리 너구리가 되고 싶었단다.

그는 그 후 지금까지 그 일을 잊어본 적이 없다고 했다. 그는 해마다 겨울이 오면 술자리에서 이 이야기를 빠뜨리지 않는다. 이 친구가 기다리던 그 여자는 끝내 산에 나타나지 않았다.

젊은 날은 순수하기에 더 많은 상처를 받기도 한다. 하지만 당신은 먼 훗날 비로소 알게 될 것이다. 그 상처는 아름다운 보석이었다는 것을.

제3부 방황 속에
깨어나는 삶

개천에서 용 안 나는 세상

빠듯한 보통 서민의 아들과 딸인 젊은 당신은 세상을 향해 걸음을 내딛기도 전에 일찌감치 풀 죽어 있다. 취직도 쉽지 않고 취직을 해도 쉽지 않다. 부모랑 함께 산다면 먹고 자는 부담은 어느 정도 덜어진다지만, 나중에 한 사람의 독립적 삶을 꾸려가기 위한 결혼과 양육, 주거 등의 비용 부담을 생각하면 한숨부터 나오기 마련이다.

그러다 보니 결혼이나 출산, 내 집 마련은 도무지 엄두가 나질 않는다. 심지어 인간관계까지 포기해야 할

방황 속에 깨어나는 삶

판이다. 한 인간으로서 삶에 기초가 되는 생활 형편이 형편없이 빡빡하다.

물론 당신의 부모 세대도 힘든 시절을 겪었지만 어려움을 견디며 이리저리 조금씩 사다리를 갈아타면서 안간힘을 쓰고 기초 생활을 향상시킬 수 있었다. 그러나 젊은 당신 세대에 이르러 도대체 어디가 잘못된 것인지 그런 '계층 상승 사다리'마저 무너져 내리고 말았다. 사다리가 심하게 부서져 있다.

현대경제연구원의 2015년 조사에 따르면 국민들의 무려 81%, 그러니까 10명 중 대다수인 8명이 '열심히 노력해 봤자 더 나아지긴 글렀다'라는 체념에 빠져 있는 것으로 나타나 있다. 또 90.7%는 '부와 가난의 대물림'이 심각한 수준이라고 여기고 있으며, 젊을수록 이처럼 부정적인 인식이 더 높은 것으로 드러났다.

나라의 소득 재분배와 복지 사정이 이렇다 보니 길가는 청년들을 붙들고 물어 본다면 대다수 입에서 기죽은 소리가 나오지 않을 수 없을 것이다. 이 땅의 많은 후손들을 사정없이 기죽이는 세상이 되었다.

여기에다 사회적으로 심각한 병리 현상이 젊은 당신을 더욱 괴롭힌다. 이른바 어딜 가나 '스펙 타령'을 하는 것이다. 그놈의 스펙은 쌓기 싫어서 안 쌓는 게 아닌데 오나가나 스펙을 내놓으라고 으름장을 놓는다. 스펙 공화국이 되어 버렸다.

최근 들어 뒤늦게나마 일부 대기업을 중심으로 스펙보다는 업무 적응능력과 인간관계의 조화성을 챙겨보기 시작한 일은 천만다행하게 여겨지지만 아직 멀었다. 세상이 온통 과거의 해묵은 관행과 습성을 아직 완전히 떨쳐 버리지 못하고 있다. 대한민국의 진화 수준이 더디다는 증거다.

나는 정책 전문가가 아니다. 사회 비평가도 더더욱 아니다. 다만 젊은 당신을 둘러싼 주변 환경이 얼마나 열악한지에 대해 당신보다 앞서 살아온 세대의 한 사람으로서, 그리고 이 사회를 당신에게 물려주고 떠나게 될 선대의 한 명으로서 무척 공감하고 있다는 것을 말하려는 것이다. 그래서 젊은 당신에게 우선 위로의 이야기를 건네고 싶은 것이다.

하지만 나는 젊은 당신을 단순히 위로하는 데에서 한 발 더 나아가 들려주고 싶은 이야기가 있다. 당신을 둘러싼 환경이 현재로선 당장에 나아질 가능성이 희박하다지만, 그렇다고 해서 온 세상을 통틀어 단 한 번밖에 주어지지 않는 당신의 인생과 삶을 이대로 포기할 수는 없다. 그것은 참으로 어리석은 일이다.

등 따시고 배부른 사람의 인생도 결국은 단 한 차례 흘러가고 어려운 당신의 삶도 단 한 차례 흘러간다. 당신은 당신의 삶이 '단 한 차례'라는 점에 주목해야 할 것이다.

당신은 사방이 굳은 벽으로 막혀 있는 것처럼 보이는 상황에서, 삶 그 자체는 '굳은 벽'이 아니란 점을 눈

여겨봐야 할 것이다. 삶에는 반드시 '문'이 있다. 그것이 바로 삶의 '오묘함'이다. 더구나 당신은 고작 '먹고 살기 위해서' 태어난 게 아니다. 당신이 세상에 태어난 의미는 각자 소중하다. 앞서 이 책의 첫머리에서 내가 언급한 '유쾌한 빈털터리'의 인생 표본을 당신이 소홀하게 보고 넘어가지 않기를 바란다.

젊은 당신은 당신이 처한 환경과 상관없이 얼마든지 행복해질 수 있다. 그것은 삶의 시련과 동시에 주어진 삶의 축복이다. 삶의 조화다. 균형이다. 그리고 젊은 당신은 당신이 바라보는 관점이 긍정적으로 바뀔수록, 고도를 높일수록 새롭게 눈을 뜨게 될 것이다. 더 많이 더 멀리 더 크게 바라보게 될 것이다. 젊은 당신의 눈이 잘 열리기를 바란다.

마음의 눈은 세상 어디든 가지 못하는 곳이 없다. 당신은 태어날 때부터 천 리 밖을 내다볼 수 있는 '천안통'을 가졌다.

방황 속에 깨어나는 삶

당신에게 닥칠 세상

젊은 당신이 장차 활발하게 활동하게 될 기간은 대략 30년 내지 40년 동안이다. 연대로 말하면 2020년 이후 2060년까지다. 이 시기 동안 이 땅과 이 세상은 과연 얼마나 달라질까?

과거에는 1백 년이 걸렸던 일이 불과 10년, 아니 1년 만에도 이뤄지고 있다. 따라서 향후 수십 년을 미리 예측한다는 것은 어떤 점에서 무모한 일이다. 아무리 뛰어난 미래학자라 해도 변화의 방향을 가리킬 수 있을 뿐 변화의 깊이와 폭에 대해서는 쉽사리 가늠하기 어려울 것이다.

특히 우리나라처럼 세계에서 사실상 마지막 남은 민족 분단국가의 처지에서는 어느 날 갑자기 통일이 이뤄져 그야말로 세상이 발칵 뒤집힐 수 있는 엄청난 변수마저 안고 있다. 그런 기회가 온다면 우리는 대양과 대륙을 양수겸장으로 끌어안아 단군 이래 유례없는 천지개벽을 맞이하게 될 것이다. 그리 되면 당신의 지리적 활동 무대는 칭기즈칸을 능가하게 될 것이다.

젊은 당신은 뉴스에서 '사라져 가는 직업들'과 '새로 생기는 직업들'에 관해 들어본 적이 있을 것이다. 그리고 '지는 직업'과 '뜨는 직업'에 대해서도 들어봤을 것이다.

요컨대 당신이 앞으로 살아갈 세상, 즉 당신에게 닥칠 세상은 당신의 부모 세대가 겪은 그런 세상이 아닐 것이다. 가령 한국의 아이돌 가수가 굳이 비행기를 타고 외국에 나가지 않아도, 전 세계의 한류 팬들이 첨단

'홀로그램' 기술을 통해 동시에 열광하는 그날이 멀지 않아 보인다.

그리고 이것은 나의 상상이지만, 북한 김정은의 머리카락 한 올에 담긴 DNA 정보를 통해 그가 작전상 어디에 은신하더라도 바늘 가는 데 실 따라가듯 정확하게 포착할 수 있는 첨단 기술도 선보일 수 있을지 모른다.

하지만 과학자도 경제학자도 사회학자도 아닌 내가 백번 미래를 상상해 보았자 그것은 더욱 빗나가는 일이 될 것이다. 여기서 내가 젊은 당신에게 이야기하고자 하는 것은 그런 종류가 아니다. 내가 당신에게 말하고자 하는 것은 그 반대의 것이다.

즉, 세상이 제 아무리 변해도 결코 변하지 않을 것에 관한 이야기다. 세상에 나온 지 백만 년이 넘은 '호모 에렉투스' 이래 바로 당신에 이르기까지 인간은 여전히 등뼈를 곧추세우고 걸어 다니고 있다.

까마득히 오래 전 인류의 조상이 숨을 쉬었던 그 콧

구멍을 당신도 물려받아 여전히 똑같은 방식으로 호흡하고 있다. 그리고 그때와 마찬가지로 인간은 생명 유지를 위해 먹고 자야 한다. 입어야 한다.

내가 얘기하고자 하는 것은 생물학적 불변에 관한 것이 아니다. 내 얘기의 무게 중심은 바로 인간의 정신적인 기본 욕구 또한 과거는 물론이고 현재를 거쳐 미래까지 관통하면서 하나도 달라질 게 없다는 점이다.

조상 인류가 마음과 생각으로 원했던 온갖 욕망, 사랑, 미움, 성냄, 어리석음, 그리고 지혜로움은 앞으로도 당신과 더불어 당신의 후손과 더불어 온 세상에 대대로 이어질 것이다. 인간의 몸뚱이를 영혼과 정신이 다스리고 부린다는 측면에서 본다면 이 DNA야말로 당신이 보유한 것 중에 가장 결정적인 것이고 종국적인 것이며 불변의 것이다.

바로 이 대목에서 나는 당신과 나눌 이야기가 꽤 있다. 이 대목을 놓치지 말아야 한다.

방황 속에 깨어나는 삶

세상에는 수많은 종교가 있다. 그 많은 종교들이 지향하는 것은 당신의 체력 단련이 아니다. 한마디로 그것은 당신의 '마음'이다. 종교가 체력 단련이고 의식주를 해결하기 위한 것이었다면 진작 자취를 감췄을 것이다.

　'마음'은 모든 인류 역사를 통틀어 단 한 번도 끊긴 적 없는 가장 중요한 맥락이자 신비로운 영역이며 가장 큰 과제다. 자동차도 없던 시절 말과 수레를 탄 알렉산더 대왕이 유럽 마케도니아 땅을 떠나 멀리 인도 땅까지 갈 수 있었던 것은 바로 그의 '마음'과 '생각' 때문이었다.

　아시아와 중동을 거쳐 유럽까지 이어지는 실크로드나 차마고도는 모두 인간의 마음과 생각이 닦은 길이다. 지금도 그 수천 수만 리 길을 오체투지 삼보일배로 하염없이 걸어가고 있는 순례자를 움직이게 하는 것은 그 사람의 발과 다리가 아니라 그의 마음과 생각이다.

온 세상 사람들의 문명 생활에 사상 최대의 혁신적 영향을 일으켰던 인물인 스티브 잡스가 남긴 말 중에서 나는 이 말이 가장 인상적이었다.

"소크라테스와 한나절을 보낼 수 있다면, 애플이 가진 모든 기술을 내놓겠다."

그는 기술보다 훨씬 중요한 것이 있다는 것을 세상에 두루 밝혔다. 그는 사람의 마음과 생각이 움직이는 것에 가장 큰 의미와 가치를 두었다.

앞으로 닥칠 세상이 아무리 급변하고 변화무쌍하더라도 젊은 당신이 오로지 잘 지녀야 할 것은 사실, 당신의 '마음'뿐이다. 그것 하나면 된다. 당신이 살아간다는 것은 당신의 '마음'이 이리저리 움직이는 것에 다름 아니다.

당신의 '마음'을 잘 바라보고 잘 붙들라. 그것이 젊은 당신이 해야 할 사실상 유일한 일이다. 그 나머지는 부수적인 것들이다.

실컷 방황하라

젊은 날의 방황은 많은 것을 얻게 하고 나이 든 사람의 방황은 많은 것을 잃게 한다. 방황은 젊은 날에만 보상을 주고 늙은 시절에는 대가를 준다. 방황에는 유효기간이 있다.

방황은 부잣집 아들과 딸도 공평하게 한다. 방황은 소득과 계층을 따지지 않는다. 방황은 젊은 날의 공통된 특징이다. 도무지 방황하지 않는 젊은이가 있다면 어딘가 고장 난 것이다. 그 젊은이는 애늙은이다. 여름에 익는 감은 제대로 만들어진 과일이 아니다.

흔히 젊은이의 방황은 자유라지만 애당초 자유가 아니다. 없던 것을 새로 선택해 누리는 게 아니다. 젊은 당신의 삶에 처음부터 주어지는 것이 방황이다.

방황은 젊은 당신이 삶에 균형점을 찾을 수 있도록 작동하는 당신 안의 '유스타키오관'이다. 방황은 특히 시련과 함께 다닌다. 그리고 방황은 어둠이다. 그 어둠은 당신이 밝은 쪽을 알도록 하기 위한 대조 장치다. 당신은 어둠을 만나지 않으면 어둠도 밝음도 알지 못하게 된다. 그리고 방황은 자극이다. 자극을 받지 않으면 당신은 무디어진다.

방황은 두 가지 유형을 낳는다. 하나는 방황에서 '벗어나 돌아오는 자'이고, 다른 하나는 '끝내 길을 잃은 자'다.

방황은 방황의 결과에 연연하지 않는다. 방황의 결과는 당신이 빚어내 당신이 맞이한다. 방황의 수심은 측정하기 어렵다. 당신이 얕은 물에서 헤엄칠 것인지 깊은 물로 잠수할 것인지는 당신의 헤엄 방식에 달렸다. 방황은 당신의 수영법에 따라 비극도 되고 축복도 된다. 방황 그 자체는 중립적이다.

방황은 당신을 괴롭히기 위해 있는 게 아니다. 당신을 '깨어나도록' 하기 위해 하늘이 처방한 각성제다. 방황에 마취되지 말라.

방황의 입구가 있듯이 출구도 있다. 그 출구는 '마음 속 가늠자'가 찾아낸다. 젊은 당신이 '마음 속 가늠자'를 잘 다듬어 지닌다면 심지어 방황을 즐길 수도 있다. 그것은 유익하고 생산적인 방황이다. 방황을 잘 마치면 귀가하게 되어 있다. 방황은 집을 나서야 돌아올 수 있는 일종의 가출이다.

젊은 당신은 당신의 방황에 대해 자책하지 않는 게 바람직하다. 오히려 당신 자신을 돕는 도구로 방황을 사용한다면 이로울 것이다.

젊은 당신처럼, 삶이 빡빡한 당신처럼 나의 젊은 시

절도 방황 일색이었다. 나는 어디로 튈지 모르는 럭비공 같았다. 그러다가 나는 알게 되었다. 튀는 것을 마치면 공이 멈춘다는 것을.

나는 멈추는 것이 무엇인지를 스스로 배우게 되었다. 그것은 내가 튀는 것을 자각하는 것이었다. 자각은 마음이 마음을 아는 것이다. 마음이 마음을 모르면 무지다. 어리석음이다. 밝은 지혜가 나질 않는다. 그래서 무명無明이다.

아마도 젊은 당신은 이미 방황과 동거 중일 것이다. 방황 자체를 겁내지 말라. 당신이 방황을 두려워한다면 방황이 당신을 송두리째 먹어치울 것이다. 당신의 젊은 날에 찾아 온 방황을 소홀히 하지 말라.

실컷 방황하라.

방황 속에 깨어나는 삶

당신이 할 일은 진화進化다

진화는 단순한 발걸음의 이동이 아니다. 육체 기능의
변화가 아니다. 진화는 당신 안에서 종전까지의 당신
이 사라진 것을 의미한다. 이전의 당신이 죽고 껍질을
벗은 새로운 당신이 탄생하는 것이다.

세상이 진화를 거듭한 것은 인간 개개인이 진화를
한 것이 그 내막이다. 사람이 곧 세상이기 때문이다.
세상이란 사람들을 뜻한다.

세상이 아무리 달라지더라도 한 개인의 미래는 그
자신이 만드는 것이다. 당신이 빠진 세상은 당신에게

아무런 의미가 없다. 당신에게는 당신이 가장 중요하다. 당신이 의미 있게 바뀔 때 당신 주변도 의미 있는 변화를 맞이한다.

먼저 자기 자신이 진화를 통해 자신에게 이로운 노릇을 하게 되면 다른 사람들도 그 이로움의 덕을 보게 된다. 자리이타自利利他다.

위인들이나 훌륭한 지도자들은 가장 먼저 자기 자신을 바꾼 사람들이다. 이전의 자기 자신으로부터 깔끔하게 벗어난 사람들이다. 우선 자기 자신이 진화를 거듭한 사람들이다. 예수와 붓다, 노자, 간디, 마더 테레사 같은 분들은 보통 인간들을 뛰어넘는 선구적 진화를 이룩한 경우다. 스스로 깨달아 깊은 곳에 도착한 사람들은 횃불이 되어 사방을 밝힌다.

마음과 행동의 그릇이 큰 사람들에게는 큰 그릇을 만드는 과정이 분명히 있었다. 진화의 폭과 깊이가 남달랐다.

굴지의 대기업을 일구느라 얼핏 책 한 권 읽어 볼 틈이 없었을 것 같은 삼성그룹 창업자 이병철 회장은 사업상 중요한 결정을 내릴 때 공자의 《논어》를 읽으면서 통찰력과 창의적 판단을 구했다는 일화가 전해진다. 또한 현대그룹 창업자 정주영 회장은 어릴 적부터 신문의 연재소설을 즐겨 읽으며 상상력을 키웠고 훗날 문화예술인들과 자주 어울렸다는 일화가 전해진다.

나는 젊은 당신에게 지금 위대한 사람이 되라고 압박하는 게 아니다. 기꺼이 진화를 거듭하는 사람이 될 때 당신은 남들이 알든 모르든 내면적으로 얼마든지 눈부시게 성장할 수 있다. 그 진화를 통해 당신의 인생과 삶을 하늘과 땅 차이로 바꾸어 놓는 일이 가능해진다.

당신이 진정으로 진화하기를 바란다면 하지 말아야 할 일은 '모방'이며, 해야 할 일은 오로지 당신만이 가진 특별함을 잘 가꾸는 것이다. 그러기 위해 내가 젊은 당신에게 권하고 싶은 것은 폭넓은 독서와 사색이다.

정보를 섭취하거나 스펙을 쌓기 위한 독서가 아니라 당신의 생각에 불을 댕기는 독서를 권한다. 학업적 공부가 아니라 당신 생각의 지평선을 더 멀리 확장해 주는, 생각을 확 트이게 만드는 그런 독서를 말한다.

양보다 질이 있는 독서는 한 인간을 그가 빠져 있는 우물로부터 벗어나게 하는 훌륭한 탈출구다. 왜냐하면 한 인간의 경험에는 한계가 있을 수밖에 없기 때문이다. 그러나 인간의 마음과 생각은 근본적으로 무궁무진해서 독서를 통해서도 얼마든지 진화의 촉발이 가능하다. 독서는 당신의 진화에 가장 쓸모 있고 유익한 안내자다.

성경책 한 권과 불경 한 권을 집중적으로 수백 번 또는 수천 번 줄곧 읽는 사람이 있다. 그들이 하는 일은 암기가 아니다. 그들은 벽에서 문을 찾는 일을 하고 있는 것이다. 암기가 뛰어난 천재보다 성실하게 되풀이하는 보통 사람이 더 큰 진화를 맛보게 된다. 당신이

TV에서 종종 접하는 '명인'과 '달인'은 천재가 아니라 반복의 명수들이다.

독서는 글자를 읽는 일이 아니라 다른 사람의 이야기를 경청하는 일이다. 다른 사람의 진수를 잘 뽑아내서 자기만의 새로운 진수를 창조하는 일이다.

사색은 진화의 엔진이자 휘발유다. 사색 없는 진화란 불가능하다. 마음 작동에 핵심 기능이기 때문이다. 사색은 자기의 내면과 세상과의 관계를 조용하게 침묵하면서 비추어 보는 일이다. 시끄러움을 가라앉히는 일이다. 그렇게 해서 자신을 둘러싸고 있는 얽히고설킨 실마리의 가닥을 잡는 일이다. 즉, 자신에게 무엇이 '가장 필요한' 것인지를 알아내는 일이다. 삶의 우선순위를 가려내는 일이다.

하버드대 박사일지라도, 세상이 인정하는 명연설가일지라도, 명상 센터에서는 입을 닫고 마음의 눈을 뜨는 일을 연습하는 초보 학생일 뿐이다.

당신이 고요히 가라앉아 사색하기 시작하면 그 즉시 당신의 진화가 시작된다. 사색은 멍때리고 앉아서 망상에 망상을 수없이 쌓아 올리는 헛바퀴 공회전이 아니다. 망상은 헛된 꿈속을 헤매는 것이지만 사색은 당신이 깨어나는 길을 열어 준다.

사색은 당신이 방금 걸려 넘어진 걸림돌이 바로 디딤돌이라는 지혜를 깨우쳐 준다. 사색은 당신이 바로 당신의 적이며 장애물이라는 것을 일깨워 준다. 사색은 당신 안에 인생을 살아가는 만능키가 함께 들어 있다는 것을 알려준다.

당신에게는 두 갈래 길이 있다. 진화할 것이냐, 진화를 멈추고 주저앉을 것이냐.

방황 속에 깨어나는 삶

깨어나는 삶

당신이 세상에 온 이유는 '깨어나기 위해서'다. 당신은
몸뚱이를 잘 먹이고 잘 입히고 편히 눕히기 위해 온 게
아니다.

　사람들은 진수성찬을 먹고 잘 차려 입은 사람이나 비
싼 집, 고급 침대에서 잠을 자는 사람을 부러워하면서
도 우러러보지는 않는다. 여기에는 마땅한 까닭이 있
다. 우리는 몸으로 사는 게 아니라 마음으로 사는 것이
기 때문이다. 사람들은 누구를 평가할 때 그의 몸무게
를 재지 않는다. 그의 마음 크기를 잰다.

2015년 8월 하순 서울대에서 하기 졸업식이 있었다. 2천 명이 넘는 졸업생들이 참석했다. 이 자리에서 개교 이래 처음인 일이 벌어졌다. 뇌성마비로 팔다리를 제대로 사용하기 어려운 어느 여학생이 전동 휠체어에 몸을 싣고 졸업식장 마이크 앞에 나타났다.

이제 스물다섯 살이 된 그녀는 모든 졸업생을 대표해 연설했다.

"견디기 어려웠던 저의 삶을 지탱한 힘은 제 안에 있는 '가능성'에 대한 믿음이었습니다. 신체적 장애는 저에게 불편함을 주었지만 불가능을 준 것은 아니었습니다. 저는 분명히 '할 수 있는' 존재임에도 불구하고 사람들은 저의 외적인 조건만을 가지고 '못할 거다, 불가능할 거다' 이렇게 이야기했습니다. 저의 겉모습에 치중한 사람들에게 거절을 당하거나 탈락을 맛보거나 고배를 여러 번 마시기도 했습니다.

방황 속에 깨어나는 삶

저는 제 장애가 '장벽'은 아니라고 스스로 격려하며 제 자신을 붙들었습니다. 여러분도 불가능 속에서 가능함을 증명하는 삶을 살면서 어두운 세상을 밝히는 희망의 증거로 살아갑시다. 힘겨운 상황을 변화시킬 수 있는 것은 '오직 자기 자신뿐'이란 것을 잊지 맙시다."

세상에 태어난 지 불과 11개월 만에 뇌성마비 2급 판정을 받았던 그 젊은이의 이름은 정원희 씨였다. 그녀는 성장 과정의 온갖 고난을 딛고 서울대 경영학과에 당당히 입학한 이후, 다문화가정의 아이들을 돌보거나 지적장애 아동들의 보조교사 노릇도 했다. 연극 무대에도 섰다. 오스트리아 교환학생으로 홀로 해외 생활도 경험했다. 장한 그녀는 졸업을 앞두고 공기업에 취직했다.

지극한 외로움과 극한의 막막함에 맞서 싸웠던 이 젊은이는 쉽사리 무릎 꿇지 않고 이른바 '자기진화'를 거듭한 멋진 사례다. 이 젊은이는 수많은 또래 청년들에게 인상 깊게 기억될 표본이 되었다. '멈추지 않고 깨어나며 벗어난 자'가 마침내 '빛'이 된 것이다.

🌿

어렸을 적 시력을 잃는 바람에 정상적인 정규 교육을 받지 못했음에도 불구하고, 나중에 기적적으로 회복된 시력으로 많은 책을 읽으면서 깊은 사색을 통해 미국에서 '거리의 철학자'로 우뚝 선 사회철학자 에릭 호퍼는 인간의 장애에 대해 이런 말을 남겼다.

"약점을 이점으로, 장애를 기회로 바꿀 때 인간이 그 고유성을 최대로 발휘한다는 것은 여전히 불변의 진리다."

에릭 호퍼의 이 말은 비단 신체적 장애만을 가리키는 게 아닐 것이다. 몸이 정상이더라도 마음에 생기는 장애까지를 포함한 의미일 것이다. 인간에게 닥치는 시련이 그 인간의 고유함과 특별함을 오히려 극대화시키는 '진화' 작용을 일으킬 수 있다는 점을 말해 주고 있다.

🌿

취준생이거나 미생인 젊은 당신이 처한 얄궂은 환경과 앞으로 당신에게 끊임없이 불어닥칠 온갖 풍파는 사실 당신을 '깨어나게' 하는 우주의 '장치'다.

붓다의 가르침에 따르면 당신은 원래부터 깨어 있었다. 깨침이 당신 안에 이미 있기에 당신이 깨어나는 일이 가능한 것이다. 당신 안에 이미 향기가 있기에 당신이 꽃향기를 맡고 알 수 있는 것이다.

당신이 행복해질 수 있는 것은 당신 안에 이미 행복이 있기 때문이다. 다만 당신은 행복이 담긴 상자의 뚜껑을 여는 방법을 잘 모르고 있을 뿐이다. 당신 안에 이미 있는 모든 것들, 세상과 우주에 접속을 일으키는 것들이 바로 당신의 존재이고 당신의 삶이다.

불만이 불만을 부르고 두려움이 두려움을 부르며 욕심이 욕심을 낳는 이유가 바로 여기에 있다. 미움이 미움을 부르고 사랑이 사랑을 부르는 이유가 바로 여기에 있다. 당신은 모든 가능성을 하나도 빠짐없이 골고루 갖춘 무한대의 마술상자다.

따라서 당신 인생의 전체 과정은 당신이 태어나 마감하는 그 순간까지, 깨어남의 현재 진행형 속에 있는 것이다. 당신은 감고 있었던 마음의 눈을 뜨기만 하면 된다.

🍃

이제 젊은 당신에게 내 이야기를 마칠 때가 되었다.

나의 글, 나의 이야기는 젊은 당신이 비로소 알아차리게 되었듯이 세상을 살아가는 '기술'에 관한 것이 아니다. 당신은 삶의 기술자가 되어서는 곤란하다. 당신은 우주에서 단 하나뿐인, 단 한 차례뿐인 귀중한 삶으로 세상에 모습을 드러냈다. 당신은 우주가 연주하는 연주곡이다. 우주가 추는 춤이다.

아직 당신이 젊을 때 삶의 진정한 비밀을 찾아 나서는 인디아나 존스가 되기를 바란다. 보물은 당신 안에 있다. 당신이 향해야 할 곳은 바깥이 아니라 내면이다. 당신이 그 보물을 마침내 찾아낸다면 당신의 삶은 더 이상 힘겨운 씨름을 멈추게 될 것이다.

끝으로, 이 책을 읽게 된 소중한 인연을 맺은 당신에게 나의 진심이 담긴 힌트를 선물하고 싶다.

"젊은 당신이 살아가게 될 그 미래에는, 자기 자신을 잘 앎을 통해 다른 사람을 잘 이해하는 사람이 반드시 주목받게 되어 있다."

"당신에게 사랑과 자비와 친절함이 준비되어 있다면 당신은 모두 갖춘 것이다."

마지막으로 젊은 당신과의 인연에 깊이 머리 숙여 감사드린다.